FP大家だけが知っている

資産形成に中古ワンルームを選ぶと失敗しない理由

FPオフィス ケセラセラ横浜代表／CFP
齋藤 岳志

合同フォレスト

企画協力──笹原　隆生
組　　版──ＧＡＬＬＡＰ
装　　幀──株式会社クリエイティブ・コンセプト
図　　版──Ｓｈｉｍａ.
校　　正──春田　薫

はじめに

将来に対して経済的な不安はありますか？
現在お仕事をされている中で、精神的なストレスを抱えていますか？
仕事もプライベートも、前向きに楽しく過ごせることを望まれますか？

私は会社員生活を経験した後、個人事業主として独立しました。今は経営コンサルタントとファイナンシャルプランナー、大家業という三足のわらじを履きながら生活をしています。個人事業主として独立できた最大の要因は、「不動産投資に取り組んでいること」と「それを継続していること」です。

不動産投資は、経済的・精神的な安心感をもたらしてくれます。「不動産投資は恐い」と思っている方にこそ、この本を読んでいただき、失敗しない鉄則を押さえ、今後の人生に対して経済的にも精神的にも前向きで明るい気持ちで進んでほしい。そういう思いで筆を執りました。

大家業は、決して資産家だけのものではありません。普通の会社員にもできるものです。皆さまと同じように勤め人であった私だからこそ、お伝えできることがあります。

私は、父が会社員で定年まで勤め上げ、母が専業主婦&パートという、いわゆる典型的なサラリーマン家庭で、一人息子として生まれました。地元の公立学校から、浪人生活を経て上智大学文学部哲学科に進学。今から17年前のことですが、卒業後は百貨店に入社し、婦人服販売部へ配属されました。

企業への就職が当たり前の時代でしたので、この選択に何の疑問も持ちませんでした。しかし、今振り返ると、私は会社勤めより独立自営の方が向いている気質だったと思います。

大学時代、約1カ月間バックパッカーとして海外を旅したのですが、言葉が通じず、その悔しい経験を糧に、帰国後半年で旅行に困らない程度のフランス語をマスターしてリベンジしたこともありました。サラリーマン家庭に育った割には、独立心や自己研さんの気持ちが強かったと思います。

だからこそ、入社3年目あたりから、「このままで良いのか?」と考えるようになりました。一番のきっかけは、先輩方が会社の意向一つで次々に異動させられる姿を目の当たりにしたことでした。当時携わっていた、催事企画運営などの仕事は楽しく不満もなかったのですが、「次の異動は自分かもしれない」という不安と「自分の意向に反した仕事をさせられるかもしれない」ことへの失望は強くなる一方でした。

そしてついに、私は「自分の仕事は自分で選んでいきたい。独立しよう」と思い至ったのです。独立して食べていくには、まずは資格が必要だと思いました。そこで、以前から興味のあった、「社会保険労務士」に目を付けました。それは、「従業員を守る専門家」というたい文句に心を引かれたことと、給与明細から毎月引かれる「雇用保険」「健康保険」「厚生年金」がどんな仕組みなのかと常々関心があったからです。

そこで、私は「社会保険労務士」とそれをサポートする資格としての「ファイナンシャルプランナー」の勉強を始めたのでした。

この出合いこそが、その後の私の人生を大きく変えたのです。最初は社会保険労務士で独立をして、サブとしてファイナンシャルプランナーの資格を生かそうと考えていました。

ところが、勉強に取り組む中で実生活に密接している内容に面白みが湧き、楽しいと感じることを仕事として取り組みたいと思い、ファイナンシャルプランナーメインに仕事をしたいと考えるようになりました。

百貨店を退社後、ファイナンシャルプランナーとしてさまざまな業界で経験を積みました。学生時代には数字嫌いだった私が、10年以上も数字に向き合う仕事をなりわいにしているのですから、人生何がきっかけで変わるか分からないものです。

ファイナンシャルプランナーの勉強では、金融資産や不動産、保険、税金、相続など幅広い分野を学びました。この知識を実践してみたくなり、資産運用にも取り組み始めました。

それまでは、給与の一部を貯金するだけだった私が最初に取り組んだのは、「株式投資」でした。インターネットで初めて注文ボタンを押したときのドキドキ感は、今でもハッキリと覚えています。

最初は「株主優待と配当」が目的でしたが、徐々に株価が上がり始めるとさらなる利益を求めるようになってしまいました。私は、短期的な値動きに一喜一憂するギャンブラーのように変わっていきました。気付けば、より投機性の高い、信用取引、商品先物取引、FXなどに手を出していました。仕事をしていれば、相場を四六時中チェックできず、これが原因で損失が拡大。精神的にも追い込まれて、ついに限界。結局、2年で辞めました。

こんな失敗をした私は、こう考えるようになりました。

「相場の動きに一喜一憂せず、安定した気持ちで取り組める資産運用はないのか?」

そこで始めたのがJ－REIT（不動産投資信託）でした。この投資は、精神的に追い詰められることなく、その内容は良いものでした。そして、しばらくして気付いたのです。

「これは家賃を得ることの疑似体験だ」と。そこで、さまざまな関連書籍を読んだり、セミナーに参加して、少しずつ不動産投資や大家業について理解を深めていきました。また、不動産会社の営業の方と個別相談する機会にも恵まれ、多くの気付きを得られました。このJ－REITの経験が現在の大家業に生きています。

さらに、当時勤めていた税理士事務所で、不動産収入だけで生活をされている方の確定申告も担当しました。大家業の実際を目の当たりにできたことは大きな収穫でした。


よし、大家業をやろう!

では、いったいどのように大家業を始めようか? 大家業を始めるに当たって、私は、自分の性格を考慮して、次の判断をしました。

都心・中古・ワンルーム！

ここから始めようと思いました。理由は次の３点です。

①一棟ものに比べて購入しやすい価格である
②管理費・修繕積立金を支払うことで共用部分の管理を管理会社に委託できる
③入居者の対応も管理会社に委託できる

ＦＸなどの投機性の高い取引のように、四六時中チェックする必要もありません。言い換えると、「手離れの良さ」があるのです。これが、私の求めていたものです。

私は現在、ワンルーム専門の大家業を足かけ10年続けています。相性の良い資産運用の対象だったと改めて思います。

本書では、ファイナンシャルプランナーとしての視点と経営コンサルタントの視点から、不動産投資や大家業について、そのメリット・デメリットを説明した上で、失敗しない鉄則を紹介していきたいと思っています。

独立すると、人間関係のストレスに悩まされませんし、自分の強みを生かして仕事ができるので、前向きな気持ちで取り組める仕事を自分で選べます。独立をせず会社員を続けるにしても、不動産収入があることで働くことへの意識の変化、前向きに取り組める気持ちが芽生えてきて、人生が大きく変わります。

本書が、皆さまの経済的な不安や仕事などのストレスを減らし、人生を豊かに、楽しく前向きに過ごしていける、一つのきっかけになることを祈念します。

2018年1月

齋藤岳志

第3章 物件選択で失敗しないポイント

第4章　大家業を充実させていくために

第5章 空室対策として取り組むこと

第1章

「大家の噂」あれこれにお答えします

1 少ない自己資金でもできるの？

不動産投資のセミナーに行くと、「自己資金10万円ですぐに始められます」という話をよく聞きます。気軽に手軽に始められるという印象を持ってもらい、購入につなげたいという不動産会社の思惑があるのだと思います。

では、この不動産投資のセミナーの話は本当なのでしょうか？

実際のところ、自分で考えて投資できる人であれば、あるいは「よく分からないけれど勧められたから購入する」という他人任せのスタンスの方でなければ、最初の一歩を踏み出すには、この手軽さはありだと感じます。

それに、２０１７年時点では、融資の金利はかなり低利に抑えられています。銀行預金に預けていても利息がほとんど付きません。この現状を考えれば、融資を利用しながら実物資産である不動産を手に入れて、家賃収入を得ながらその中から返済していくという投資は、「あり」です。預金利息よりは大きなリターンが得られるのは事実です。

ただ、ここでしっかりと理解しておかないといけないことがあります。それは「借金を抱えることになる」という、自分が抱える負の意識についてです。

例えば、2000万円の物件があるとして、10万円の自己資金しか入れないとしたら、残りの1990万円は借金を抱えているということになります。日本人は「借金＝悪」と考える方が非常に多いのですが、これはなぜだと思いますか？

その原因の一つとして、夜逃げや自己破産といった、マイナスイメージのニュースを聞くことが多いからだと思います。ニュースというのは話題性が強くあって、見ている人や聞いている人に「おっ」と気に掛けてもらえる出来事を優先的に取り上げます。だから、事件など「負の側面」にスポットが当てられやすく、マスメディアの情報しか知らない人は、それ以外の視点に気付けなくなるのです。

私のように大家業を10年も経験している立場からすると、家賃収入を得るためなら不動産購入の借金は決して悪いものではありません。悪ではないというか、うまく活用して利用できれば、「借金は資産の拡大に役立ってくれるもの」という意識さえあります。

つまり、融資を受けて不動産を購入し家賃収入を得るということと、その家賃収入が毎月の融資の返済をしてくれるということを理解できれば、10万円という少額な自己資金でも大家業をスタートさせることができるのです。

ファイナンシャルプランナーとして言わせていただくと、少額で始められるからといっても、毎月の手取りがなくなってしまうようであれば本末転倒です。だから、毎月のお金の流れがローン返済後もプラスになる物件を選ぶことが大前提です。借金を多く抱えることに不安を感じるのであれば、物件価格の10〜30％の頭金を入れて購入するのです。これが、安心感につながる始め方です。

2 節税効果があるって聞いたのですけど……

「税金が安くなる」

この言葉を聞いてパッと反応される方は、高収入を得ている方だと感じます。脱税はやってはいけないけれど、ルールにのっとりながら税金を少しでも抑えられたらうれしいものです。コンサルタントの仕事をしていると、そんな節税を求める声が経営者の方からよく聞こえてきます。

結論から言うと、大家業を始めると、節税がしやすくなります。

大家業と節税は、どのように関係しているのでしょうか？

「損益通算」というのがキーワードです。損益通算とは、不動産投資を行っている者がサラリーマン（給与所得者）であったり、自営業者（事業所得者）であった場合、プラスの所得とマイナスの所得を合算して、個人としての合計の所得が下がることで、所得税や住民税を下げられるという仕組みです。

年収が1200万円の給与収入のサラリーマンがいるとします。大家業を始めると不動産収入が生まれるので、毎年、確定申告をすることになります。その不動産所得が、ある年の一年間でマイナス200万円だった場合（経費支払いによって）、「1200万円－200万円＝1000万円」という収入になります。

この減った額を基に、所得税や住民税の計算を考えていけるということです（実際は所得が基準になり、所得控除など個別の要因がありますが、全体像のイメージを伝えるための解説とご理解ください）。

ここで、「えっ！」と思われた方は鋭い人です。毎月のお金の流れがプラスになる物件を選んでおきながら、どうして不動産所得がマイナスになるのでしょうか？

ここにはお金の流れと収支の計算の違いがあります。後述しますが、ポイントは「減価償却費」という費用です。これが大きいと、実際のお金の支出はないのに、経費が毎年多く出るという仕組みがあるのです。

図表1－2－1　給与年収1,200万円、不動産所得がマイナスとプラスの場合の比較イメージ

給与年収1,200万円の方の例

社会保険の控除だけが約15%ある場合の試算です。

所得税	1,200,000円
住民税	800,000円
合　計	2,000,000円

■不動産所得がマイナス200万円の場合

所得税	772,500円
住民税	600,000円
合　計	1,372,500円＊1

※約140万円として計算

＊1：約60万円の節税になる。

■不動産所得がプラス100万円の場合

所得税	1,430,000円
住民税	900,000円
合　計	2,330,000円＊2

＊2：増えた所得100万円から、増えた税金33万円を引いた差額約67万円が、手取りとして増える。

※分かりやすくイメージを伝えるための比較表です。個別ケースにより、違いは必ず出ます。

節税よりプラスを目指す方が手取りは増える!!

また、物件を購入した初年度はいろいろな費用がかかってくるので（次章で説明します）、マイナスになることが多いです。そのため、不動産所得がマイナスになると、年末調整で還付金を受け取った後に、確定申告をするとさらに還付金を受けられることになるのです。

このように、本業での収入が高い方は、大家業を節税目的の一つで始めるという考え方があります。また、年間の所得をマイナスではなく、プラスで終えられる方は、それはそれで手取りを増やせますし、物件を増やして大家業を拡大するときに融資を受けやすくなります。

融資は、不動産所得が赤字だから受け

られないということはありませんが、黒字の方が金融機関の評価が上がり、融資戦略をいろいろと立てやすくなります。

大家になる目的によって考え方も変わりますが、私の経験から言えば、節税効果を期待しての購入よりも、不動産所得をプラスにしていく方が心理的にも前向きな気持ちになれるので、資産形成が進んでいることを実感できるでしょう。

3 将来の年金がもう一つ増えるの？

老後の年金に対する不安をきっかけに、大家業をスタートさせる方は多くいます。また、老後の収入源としてだけでなく、働いている現役のときから会社の給与以外の収入を得ることになるので、収入の複線化が実現できることも魅力でしょう。

それと、大家業は融資を利用することが多いので、少しでも若いときに始めた方が有利です。融資を完済して初めて自分の１００％の資産であると言えるからです。だからこそ、収入を複線化しながら、時間を味方に付けるように長期的なスパンで考えていくことが、大家業の基盤作りには大切になるのです。大家業には、株式投資のように、数日で大儲けできる可能性はありませんが、コツコツと地道に自分のペースで資産を築ける確実な可能性を秘めています。

ここで強調しておきたいのは、大家業の基盤を強化するための努力を惜しんではいけないということです。大家業は、決して楽な稼業ではありません。

では、何をしないといけないか？　大家業をスタートさせた後も、コツコツと毎月の貯蓄を続けることです。例えば、ある不動産を頭金10万円で購入した後、ほったらかしにしてはいけません。先ほどお伝えしたように、融資を完済して初めて自分の資産になるのです。裏を返せば、融資を返済している間は、万が一返せなくなったら金融機関に取り上げられてしまうという意味で、本当に自分の資産とは言えないのです。

一日でも早く自分の資産にするには、やはり「繰上返済」が最も効果的です。そして、その原資を、働いて収入があるうちに用意するのが最も賢明な方法です。タイミングを上手に見ながら、自分が稼いだお金も大家業に投入していく。この姿勢がとても大切になってきます。

では、どのように貯蓄すればいいのか。

ファイナンシャルプランナーとしての視点で、最初にダメ出しをすると、給与から生活費を使った残りを貯めるというやり方では、大家業失格です。

次の公式をぜひ覚えてください。将来皆さまが安心して暮らすための蓄えを作る上でも大切で、シンプルな原則です。

「毎月の手取り収入－毎月の貯蓄額＝生活費」

耳にされたこともあるかと思いますが、給与が振り込まれたらその金額の中から一定額を先に貯蓄してしまい、残りの金額の中で生活をするのです。習慣を変えるのは、最初は難しいところもあるかもしれません。しかし、２～３カ月継続できれば慣れてきて、その後も続けることが容易になってきます。

もう一つ、毎月の貯蓄額はいくらにすれば良いかという質問を受けることもあります。

私が尊敬する、林学博士で投資家の本多静六さんが提唱しているのは「４分の１貯金」という方法です。毎月の手取りの４分の１と賞与の全額を貯蓄に回すということです。これができれば理想でしょう。

ただ、皆さまそれぞれのライフスタイルやご家庭の状況もあると思います。まずは、「10分の1を毎月貯める」ことからスタートすることをお勧めします。もらっている給与の金額の多い少ないは関係ありません。とにかく、10％は貯蓄するというルールをご自身で決めるのです。だまされたと思って始めてください。2、3カ月たつと、気持ちに変化も出てきて、好循環に入ると「もっと割合を増やそう」という気持ちになってきます。こうなればしめたものです。経済的に不安を抱えたり困ったりすることはなくなるでしょう。

4 相続対策にもなるって聞いたのですけど……

平成27（2015）年1月から、相続税の基礎控除が変わりました。それまでは、5000万円＋（1000万円×法定相続人の数）だったのが、3000万円＋（600万円×法定相続人の数）に下がったのです。法定相続人が2人であれば、以前は「7000万円」までは非課税だったのが、「4200万円」になりました。

この改正に伴って、現預金や金融資産を多く持っている富裕層にとっては、将来的に増税になる可能性が高まったのです。そこで最近特に注目が集まっているのが、賃貸用の不動産です。

現預金など金融資産を持っていると、その金額がそのまま相続税の課税対象として計算されるのですが、不動産の場合は評価方法が変わります。例えば、現金を2000万円持っていれば2000万円で評価されますが、不動産の場合は2000万円で買っても2000万円で相続税の計算はされないということです。

具体的な部分は個別性が強くなるので割愛しますが、賃貸用の不動産の場合、目安は3分の1になります。先ほどの例で言えば、670万円前後になるのです。これが、賃貸用不動産が相続対策になると言われる一番の理由です。この仕組みを利用して、賃貸用不動産を購入し、相続税の課税対象の金額を下げることは有効技です。うまく活用した方が良いでしょう。ただ一点、注意することがあります。


それは、将来その不動産は、遺された配偶者や子どもに引き継がれることになるということです。相続はただ渡すのではなく、前もって十分に考えて、遺された方々が困らないように渡すことが大事です。その配慮が、自分の最後の気持ちを伝える場にもなると私は考えます。

これを大家業に置き換えて言い直すと、「その物件は、遺された方が譲り受けたときに喜んでもらえる資産なのかどうか」という視点が大切だということです。

相続税の評価が下がればなんでもいいということではないのです。相続税では負担がなくて良かったかもしれませんが、大家業も引き継いでもらうことを考えると、少しでも賃料が途絶えにくい場所に所有しておくことが大切だと思います。

遺されたご家族が「こんな物件引き継いだってうれしくもなんともないや」となってしまっては、将来的に困ってしまいます。入居者に選ばれにくい物件や、売りたいと考えたときに買い手が見つかりにくい物件というのは、相続したときに「うれしくない」と思う代表的な例です。相続対策に不動産は有効ではありますが、どんな物件でも良いわけではないのです。

5 収入が上がれば、独立もできるって本当？

「不動産投資の収入で生活ができるようになったので会社を辞めました」

「家賃収入だけで、自由を謳歌しています」

このような声は大変華々しく聞こえますし、うらやましいと思う方も多いと思います。

家賃収入が増え、手取り収入が増え、その収入の範囲内で生活ができるのであれば、仕事をせず独立してゆったり暮らすことは可能です。

大家業での独立を一言で表すと、

「大家業の手取り収入　＞　毎月の生活費」


という状態の継続になります。この毎月の生活費は、生活スタイルによって異なるので、20万円で済む人もいれば、50万円、ひいては100万円という人もいるでしょう。

いずれにしても、大家業の手取りが増えれば、ライフスタイルを大きく変えない限り、独立が可能です。会社を辞めれば、上司や同僚の目を気にしながら過ごすこともなくなりますし、満員電車に揺られて通勤するということからも解放されるようになります。

ただ、独立する前に考えてほしいことがあります。それは、「独立した後、どのように過ごしたいのか」ということです。独立するということを目的にしてしまう人がいらっしゃいますが、おそらくそれは会社勤めのストレスからの解放を求めているような気がします。

そうなってしまうと、会社を辞めて独立した途端に、有り余る時間を効果的に使えず、毎日をぼんやりと過ごすことになりかねません。それは、受験生が大学に入ることを目的にしたために、合格した後大学で何をしたらよいか分からず、友達もできず、さみしい学生生活を送ってしまうようなものです。

だからこそ、会社員でいる間に「独立したらカウンセラーをしながら悩み解決のスペシャリストになりたい」とか「カフェを経営するには1000万円のお金がかかるから、独立までに準備を済ませよう」などと、自分の生涯のライフプランと照らし合わせながら、独立した後のことも視野に入れた目的を持ってほしいと思います。

独立せずに会社員を続けるという選択をするのも、決して間違っていません。独立することが、必ずしも正しいわけではないのです。

一番大切なのは、「自分が楽しめること、前向きに選択したことを通して、幸福感を抱きながら生活できること」です。独立は、その手段の一つにすぎません。

実際、大家業をしながら、生活費以上の手取りを得ているにもかかわらず、会社員の生活を続けている方もいらっしゃいます。会社員生活に嫌気が差したからという後ろ向きの理由で独立しても、きっと良い結果にはならないでしょう。

大家業をしていくに当たって、独立を視野に入れているのであれば、何のために独立をしたいのか、いま一度自分のライフプランも見つめ直すことをお勧めします。

第1章コラム①

大家業は「女性」の感性を生かせる資産運用

「共感」「五感」「配慮」

これは、第2章以降でお伝えする内容のキーになる言葉です。私が区分マンション大家を続けてきた中で、大家業に必要だと感じる資質です。資産運用や投資という分野は、目的を定めてそれを狙うのが本能的に得意な男性の方が興味関心が湧きやすいとは感じます。

ただ、大家業は生活をしている人を相手にしながら行う資産運用です。そう考えると、大家業は男性よりも女性の方が生活感、肌感覚を生かしやすく取り組みやすいのではないかと私は考えています。「入居者の気持ちを考えてあげる」「生活のしやすい街か安心して過ごせる街かを見る視点」「部屋の中にこんなものがあったら生活しやすいのに、ということに気が付ける」というイメージです。

話題の街や人気のある場所など、トレンドを作っていくのも女性発信の部分が多く、人が集まる場所には女性の方が気付きやすいのではないかとも私は感じています。この意味で、大家業は女性にこそピッタリな資産運用の一つではないかと思うのです。

そんな女性の中でも、特に意識をしたのが「30代で仕事好きの独身女性」です。30代で独身の方は、これから結婚するかもしれないし独身のままかもしれないということを考えるタイミングなのかと思います。そのタイミングで、定期的な家賃収入をもたらしてくれる区分マンションを保有していることが、どちらの選択をすることになっても、将来の安心につながると私は思うのです。

結婚された場合、その先に出産を意識される方が多いのではないでしょうか。ただ、出産の前後は、仕事をやりたいと思っても、どうしても職場を離れないといけない時期が出てきます。子育て中心で給与の収入がなくなる時期が来ても、区分マンションからの定期収入があれば、少なからず心のゆとりにもつながるのではないかと思うのです。

反対に、結婚のご縁に巡り合えず、独身でバリバリ仕事をこなしていく場合でも、給与収入以外に定期的に入ってくる収入源があることが安心感につながり、精神的なゆとりを感じながら本業にも打ち込めるのではないかと思うのです。

どちらに転んでも、区分マンション大家であるという立場が、生活への安心をもたらしてくれます。また、女性に選ばれない部屋は、入居希望者の約半分を失っているようなものだということもこの後お伝えしますが、同性の目線で部屋を選べることが有利に働く要素は大きいのではないかと思うのです。男性では見えないポイント、女性ならではの視点で立地や街の雰囲気・住み心地という点を判断し、その上で選べるというのは強みです。融資の利用も考えれば、30代の独身女性こそが一番区分マンション大家には向いているのではないかと考えるようになりました。

第1章コラム②

3回目の振り込みで生まれた心の余裕

私が、区分マンションの大家になるために、最初に部屋を購入したのは2007年6月のことでした。当時はまだ融資に対する考え方がしっかりとできておらず、借り入れをしたいという気持ちになれなかったこともあり、手持ちの現金で350万円のワンルームマンションを購入しました。場所は、東京都八王子でした。

設定した家賃は、3万8000円。管理費・修繕積立金が1万2000円というマンションでしたので、毎月の手取りは2万6000円です。購入当初は、「本当に家賃が振り込まれてくるのか?」という不安でいっぱいでした。

賃貸管理会社からの振り込み日は毎月15日。最初の入金予定日に、すぐに銀行に行って記帳したのを今でも覚えています。事前に郵送での知らせもありましたが、確かに入金がありました。翌月も、さらにその翌月も同じことをしました。

3回同じことをして、心持ちに変化が現れました。「3」という数字はどこか安心感をもたらしてくれるような気がします。「三人寄れば文殊の知恵」「三度目の正直」など、「3」という数字がキーワードのことわざや格言などは数多くあります。私は3回目の入金を確認できたとき、すごく心が弾む気持ちになったのを覚えています。疑心暗鬼が安心に変わったと言えば伝わりますでしょうか。

これからも振り込みがずっと続く保証はないけれど、賃貸管理会社を信頼し、入居者がいてくれる限りは、毎月の定期収入が得られる。そのことを確信できたのです。2万6000円という額は決して大きいものではありません。2万6000円の手取りだけでは、生活できないことも、百も承知しています。

それでも、この2万6000円が、自分がほとんど時間を割くことなく毎月入ってくるのだということが分かると、妙に心が軽くなったのです。いわゆる「不労収入」と言われるものを自分も手にすることができたのだという実感がこの思いにつながったのだと思います。

当時、私は税理士事務所で働いていて、仕事そのものが好きだったということもありますが、それまで以上に仕事に前向きに取り組めるようになり、この安心感が心のゆとりにもつながっていきました。一緒に働く同僚やクライアントの社長と接するときの気持ちも、変わったように感じたことを覚えています。

自分の体と時間を使わなくても入ってくる収入のルートがある。

このことを意識するようになっただけなのですが、これが大家を継続していこうという思いを強くし、気持ちの変化がもたらした余裕だと私は感じています。

あれから約10年が過ぎ、返済や固定資産税の支払いなども済ませた後の大家業の純粋な手取りは、毎月約30万円まで増えました。決して多い金額ではありませんが、地道にコツコツと積み上げてきた結果としてこの数字が実現できており、ぜいたくさえしなければ、生活に困ることはないお金の流れを作るところまでできました。

第2章

1戸目を購入するまでにすべきこと

1　不動産投資は実物資産への投資

このように書くと、「そんなの当たり前だ！」との指摘を受けそうですが、失敗しない不動産投資で大家業を健全に営んでいくためには、早い段階で一度しっかり考えておくことが、とても大切です。

そもそも投資には、どのくらいの種類があるかご存じでしょうか？　大きく分けると「金融資産と実物資産」、そして「国内と海外」の2種類に分けられ、その組み合わせで4種類に分類できます。

①国内×金融資産……預貯金、債券、生命保険、株式
②海外×金融資産……外貨預金、海外債券、海外株式、外貨建保険
③国内×実物資産……国内不動産
④海外×実物資産……海外不動産

この分類で入らない投資、例えば「金」がそうです。最近では、アンティークコインなどもありますが、皆さまが思い付く投資は、おそらくこの4分類のいずれかでしょう。

ファイナンシャルプランナーとして強調したい点は、資産を大きく減らさないためには、

図表2−1−1　国内・海外・金融資産・実物資産

	金融資産	実物資産	
国　内	日本人はここに 偏りすぎ		その他
海　外			

この4分類をバランス良く配分して持つことです。日本人の多くは、預貯金で資産を保有することが多いのですが、これはあまりバランスが良くありません。日本人の貯蓄好きは、良い習性ではあるのですが、長期的な視点で考えると、日本円だけで資産を保有するのは、分散投資の観点でリスクが高いと言えます。

分散投資というと、株式と債券に分散する投資について言われることが多いのですが、それだけでなく、国内と海外に分散することも重要です。

この分散のやり方に、正解はありません。しかし、鉄則がいくつかあります。中でも、私が一番強調したいのは、「自分が分からないものには手を出さない」ということです。

ローリスクハイリターンな投資は、ほぼありません。まず、このことを肝に銘じてください。当たり前かもしれませんが、何度も胸に刻んでください。例えば、「外貨預金が高金利ですよ」と勧められたとします。そのとき、「高金利の裏にどんなリスクが隠れているのだろう」とすぐに思うようにします。そして、自分自身で調べて理解するのです。あるいは中立な立場を守っているファイナンシャルプランナーなどに相談します。
その上で、「分かった！」となったとき、その投資に初めて取り組むことができるのです。そうしないと、のちのち「こんなはずじゃなかった……」と、後悔することになります。

結論を言えば、投資の配分が大切なことを十分に承知していても、知らないものに手を出してはいけないということです。最初は「自分自身が興味を持てる対象」や「理解できる対象」からスタートすることです。これが鉄則だと私は考えています。よく分からない投資をして無理に分散するのは、賢明なことではありません。

だから、私自身は、さまざまな投資の中でも「国内×実物資産」である不動産、その中でも区分マンションを投資対象とした大家業が一番好きで、一番理解ができたので、時間をかけてメインで行っています。

2 金融資産投資との違い

金融資産への投資と実物資産への投資の違いは何でしょうか？

一番の違いは「コントロールが自分でできるかどうか」だと、私は考えています。株式市場や為替の動きを考えてみてください。日々のニュースで「日経平均株価の終値は1万9000円でした」とか「現在の外国為替相場1ドル110円です」などと報じられています。

では、この相場の金額はどうやって決まるのでしょうか？　誰が決めるのでしょうか？　明快な答えはありませんが、あえて一言で言うとすれば、「相場参加者のその時々の思惑が全て重なって決まる」という感じでしょうか。

だから、アメリカでの雇用統計のニュースが影響するかもしれませんし、ヨーロッパで起きたテロ事件が影響するかもしれません。世界のどこかで起きた何かが相場に絶えず影響を与え、その日その日の参加者の思いも変わり、そのときの心理が相場の金額に影響を及ぼす、と私は考えます。

そのため、自分が「これは良い」と思った銘柄を見つけても、自分が「これで相場が上がるだろう」と確信しても、取引に参加している他の参加者たちの思いと一致しなければ、予想とは逆方向に価格が動いたりして、求めていた結果に至らなかったりします。

相場は、「美人投票」に例えられることがあります。

もし、皆さまが美人を選ぶコンテストの審査員で、有効な一票を入れたい場合、どうするのが最良の方法でしょうか？　それは、自分が美人だと思う候補者を選ぶのではなく、みんなが美人だと選びそうな候補者に投票することです。相場は、これと同じです。自分の思いだけでは狙った結果が出にくいのです。

私はスッパリと次のように考えます。

金融資産への投資は、コントロールがしにくい。

コントロールする方法がゼロだとは言いませんが、素人の一般投資家にはハードルが高過ぎる。その意味で、金融資産への投資は「プロがやるもの」と、私は捉えています。百戦錬磨のプロの中にアマチュアの私たちが入り込んで戦いを挑んだところで、勝ち目はかなり薄いということです。野球を例に出せば、メジャーリーグに草野球選手が挑んでいくようなものです。

では、金融資産への投資はしない方が良いのでしょうか？

皆さまはどう思いますか。私はそうは考えません。ただ、「はじめに」でお伝えしたようなギャンブラー投資は、会社員には向きません。このことは、私が身をもって経験したので再度、お伝えしておきます。

重要なポイントは、こうです。


短期的な値動きに一喜一憂せず、長期的な視点で利益が積み上がる仕組みを作る。


私が一番良いと考える方法は「積立」です。その代表は、「ドルコスト平均法」と言われるやり方です。毎月、一定金額を金融資産に振り向けます。こうすると、価格が高いときには少なく、低いときには多く購入できるので、「高値つかみ」での失敗を防げます。

私の場合は、この方法で米ドルの購入をコンスタントに続けています。海外金融資産への分散投資の意味合いも込めています。為替相場は、どう動くか全く分かりませんが、「ドルコスト平均法」なら市場に左右されずに外貨資産を積み上げていけます。

一方、実物資産への投資に関しては、この本のテーマの不動産のように、実際に見に行ける「もの」が存在しています。また、不動産の物件は、世界に一つしかありません。日本には、たくさんのマンションがありますが、例えば「Aマンションの805号室」はこの世に一つしかありません。だから、取引は、売りたい人が1人で、買いたい人も1人という状態で行われます。

図表2－2－1　ドルコスト平均法

1ドルの値段	100円	90円	120円	
毎月10,000円ずつ購入	100ドル	111.11ドル	83.33ドル	294.44ドルを30,000円で手に入れた（1ドルあたり101.88円で購入）
毎月100ドルずつ購入	10,000円	9,000円	12,000円	300ドルを31,000円で手に入れた（1ドルあたり103.33円で購入）

毎月日本円で一定額ずつ積み立てて購入することで、円高のときには多く買え、円安のときには少なく購入することで、平均してみたときに、1ドルあたりを購入する単価を抑えることができる。

価格に関して言えば、自分と相手が直接やりとりすることで決められるので、不特定多数の参加者の思惑によって価格が決まる金融資産への投資よりも、コントロールがしやすいのです。同じマンションで売りに出ている部屋がいくつかあったとしても、全く違う価格で売りに出されることもあります。不動産などの実物資産への投資の最大ポイントは次の通りです。

不動産などの実物資産への投資は、個別性が強い。

個別性が強いからこそ、草野球のアマチュアレベルの私たちでも、自分の思いを反映させやすいのです。これが、私が実物資産である不動産投資が好きな理由の一つでもあります。その他、さまざまなメリットがあります。

・火災保険や地震保険を掛けて万が一の場合に備えることができる。

・入居者に合わせて、どのような部屋を提供しようかと考えながらリフォームできる。

・どういう方に住んでもらいたいか、自分で選んで決められる。

このように不動産は、購入時から購入後に至るまで、自分の思いを反映させながら取り組んで進めていくことができます。これが金融資産にないメリットではないかと私は考えます。

3　大家業に向いている人・不向きな人

では、大家業に向いているのは、どんな人でしょうか？

投資に限らず仕事でもそうですが、性格は一人一人違うように、物事には向き不向きがあります。この本では、区分マンションを投資対象にした大家業を目指す人をメインにして書いているので、それに向いていると思う方の特徴を挙げてみたいと思います。

〈大家業に向いている人〉

●短期的な利益を求めず、長期的な視点を持ってじっくり取り組むのが好きだ。
●自分のペースで物事を進めていくのが好きだ。
●コツコツとゆっくり進めていくことに面白みを感じる。
●アリとキリギリスの話で言えば、アリの方が好きだ。
●貯蓄をするのが好きだ。
●自分で全てをやらず、アウトソースできる部分は専門家に依頼しても良いと思う。
●毎月定期的な収入が入ってくることに喜びを感じる。

右記7点を挙げてみましたが、いかがでしょうか？　いくつ当てはまりましたか？
反対に、向かない人の特徴も挙げてみたいと思います。

〈大家業に向いていない人〉

●すぐに結果を出して満足することを求める。
●値上がりでの利益を求めるのが好きだ。
●手元にあるお金は使い切ってしまうことが好きだ。

●全てを他人任せにして、自分は全くノータッチでほったらかしにしておきたい。
●他者とのコミュニケーションを取ることを面倒に感じる。

右記5点を挙げてみました。当てはまるものはありますか？

区分マンションの大家になっても、「一発大儲け！」ということは難しいでしょう。例えば、1500万円で購入したマンションが、3カ月後に2000万円で売れて3カ月で500万円儲かるという可能性は、ゼロとは言えませんが、実現する可能性は限りなく低いと思います。

また、自分で努力してお金を貯めていくことが安定した大家業を続けていくには必要なことなので、入ってきた家賃収入は基本的に貯蓄に回しておくべきです。アリとキリギリスの例を出しましたが、今を楽しむキリギリスではなく、後で困らないように将来に備えてせっせと蓄えるアリのような心構えが、大家業には求められてくるのです。

さらに、区分マンションの場合、建物管理会社と賃貸管理会社が共用部分と専有部分の管理をしてくれるので（この部分は後述します）、日常的な大家業としての業務はアウトソースして任せることができ、自分は本業に専念できるのも大きな特徴の一つです。

しかし、完全に管理会社に任せっきりで、「後は知らない」というようなスタンスはNGです。気になることがあれば、すぐに自分から連絡を取って聞いてみたり、送られてきた書類には必ず目を通してチェックするなど、投資した不動産への関心を常々持っておくことが必要です。感情移入しすぎるのも良くないのですが、無関心はもっと良くありません。

大家業はサービス業。

私は、いつもそう考えます。入居者さまに快適に住んでいただく部屋を提供し、住み続けていただくためにやるべきことはやる。この意識を持つことが、健全な大家業を維持するには不可欠です。

4 何のために始めるかを考える

大家業を始めたいと考えるきっかけや動機は、一人一人違います。

しかし、共通する大切なことがあります。こうです。

「区分マンションの大家になる」と、自分で決める。

誰かに勧められたからとか、なんとなく良さそうだからという気持ちでスタートすると、のちのち「こんなはずじゃなかった……」となってしまいがちです。自分で選ぶという気持ちをしっかりと強く持ちましょう。そして、自分で選んだ国内の不動産という投資対象が、自分の生活にどんな変化をもたらしてくれるのかというイメージを自分の頭の中で描きましょう。この気持ちとイメージが自分のものになったときこそ、大家業をスタートできるのです。

大家業を通して得られたお金を、どのように使っていきたいと考えますか？

まず、このように得たお金の使い方を具体的に見つめてください。もちろん、個々のライフスタイルと絡んでくるので、その答えは人それぞれ異なると思います。毎月のお小遣いが増える程度の収入アップを求める人もいるでしょう。毎月の生活費を賄えるくらいの収入を求める人もいるでしょう。

大家業に限らず、投資で大事なのは、お金を得ることよりも、その得たお金をさらにどう使っていくか、ということの方がはるかに大事なのです。私は、正直、最初の1戸目を購入するときは、ここまで考えずに買いました。今振り返ると、もっと考えておけば良かったという思いが募ってきます。

「何のために始めて、得たお金の使い方をどうするか」という目的が、はっきりしていなかったのです。また、同じような投資をしている人たちの中で、他人任せや営業の人から勧められるままに物件を購入して失敗した人を目にすることも度々ありました。

いま一度「何のために始めて、得たお金の使い方をどうするか」をご自身の胸に手を当てて、問い掛けていただきたいと思います。その自分の考えとイメージが、自分だけの大家業を作り出すのです。

5 多くの人が陥る大家業の不安

次の2点が定まったら、いよいよスタートです。

・自分が大家業に向いている。
・何のために大家業を始めるのか思いも固まった。

さあ、1戸目の購入に向けて動き始めてください。行動しないと何も変わりません。ただ、きっと皆さまも、行動し始めればいろいろな不安を感じると思います。でも、大丈夫。そんな不安はいくつかに分類でき、きちんと対処することが可能です。

不安① 空室が続いたらどうしよう……

大家業に関する不安で一番耳にするのが、これです。

区分マンションの場合、部屋単位で見れば、入居者は「いる」か「いない」かのどちらかです。入居率は、0%か100%です。一棟アパートの場合は、一つの建物にいくつも部屋があるので、1部屋が空いていても、心理的な焦りは比較的少なくなります。しかし、区分マンションの場合は1部屋しかないので、この不安が高まるのです。この部屋の入居者がいなければ、収入がありません。

私も、最初の部屋を購入するまでは、この不安な気持ちを常に抱いていました。でも今、10年の経験を積むと、この不安は全くありません。「幻想」だったのだと気付きました。私の経験でお伝えすると、2カ月以上空室が続いた部屋は一つもありませんでした。

もちろん、このような状態にするには、どこの場所に物件を持つかという選び方に失敗しないことが前提になりますが、これについては第3章でお話します。

私の場合は、昼間に仕事をしているので、入居者とのやりとりに関しては最初から賃貸管理会社に委託することを考えていました。だから、賃貸管理会社は、「どこに任せたら安心か」という視点で探しました。1戸目に関しては、選んだ賃貸管理会社が保有している物件を購入したのですが、10年たった今でも、他の部屋を含めて全てその賃貸管理会社に継続してお任せしています。そのことを考えると、最初の選択が良かったと改めて思います。

このように、物件の場所と賃貸管理会社の選び方さえ間違えなければ、「空室が続いて大変だ！」という事態に陥る可能性は、かなり低く抑えることができるのです。

さらに言うと、区分マンションの場合は、入居率が０％か１００％になってしまうので、1部屋だけでなく複数の部屋を保有することで、０になる確率をさらに下げることができ

図表2－5－1

3部屋以上保有すれば
賃貸経営は安定する

ます。私は、大家業をスタートさせるとき、「まずは3部屋を保有したい」と考えていました。

戦国武将の毛利元就の教えに「三本の矢の教え」がありますが、この考えに共感していたことが3部屋という数字を考えるきっかけになりました。「三人寄れば文殊の知恵」ということわざが好きだったこともあります。いきなり3部屋をまとめて買うのは難しいかもしれませんが、目標を「3部屋の保有」と掲げて、それを達成するように努力してはどうでしょうか。そうすると、空室の不安も減り、安心感が抱けるようになると思います。実際に3部屋を持てれば、「0か100か」の割合も3分の1に下げることができます。この数字からも、3部屋保有は一つの目安として現実的ではないかと考えます。

不安②　家賃が将来下がったらどうしよう……

この不安の声もよく聞かれます。これに対する私の考えをお伝えする前に、次の図表を見てください。

これは東京23区の例ですが、新築マンションを賃貸に出したときに取れた家賃を１００とした場合に、築年数の経過に伴って、賃料がどのくらい下がったかを示すシングル向けのワンルーム、コンパクトのデータです。

新築時ないしその後3年くらいまでは、新築プレミアムといって、新築の新しさが魅力となり、近隣の相場よりも若干高く貸せる時期です。その後、築10年前後でおおよそ90になり（10％の下落）、築20年前後で80になります（20％の下落）。築20年以後さらに下がるのかと思いきや、ほぼ横ばいで、その後は築年数にかかわらず70～80くらいの間で入居者が決まるという構図が見て取れます。

これは私の実体験も織り交ぜながらお話できる内容で、私は築年数の浅い物件や古めの物件などそれぞれ保有していますが、購入時期で築20～25年の物件を多く選んでいます。

前述しましたが、私が保有する部屋で2カ月以上空室になったことはありません。空いた

図表2－5－2　築年数別の賃料表

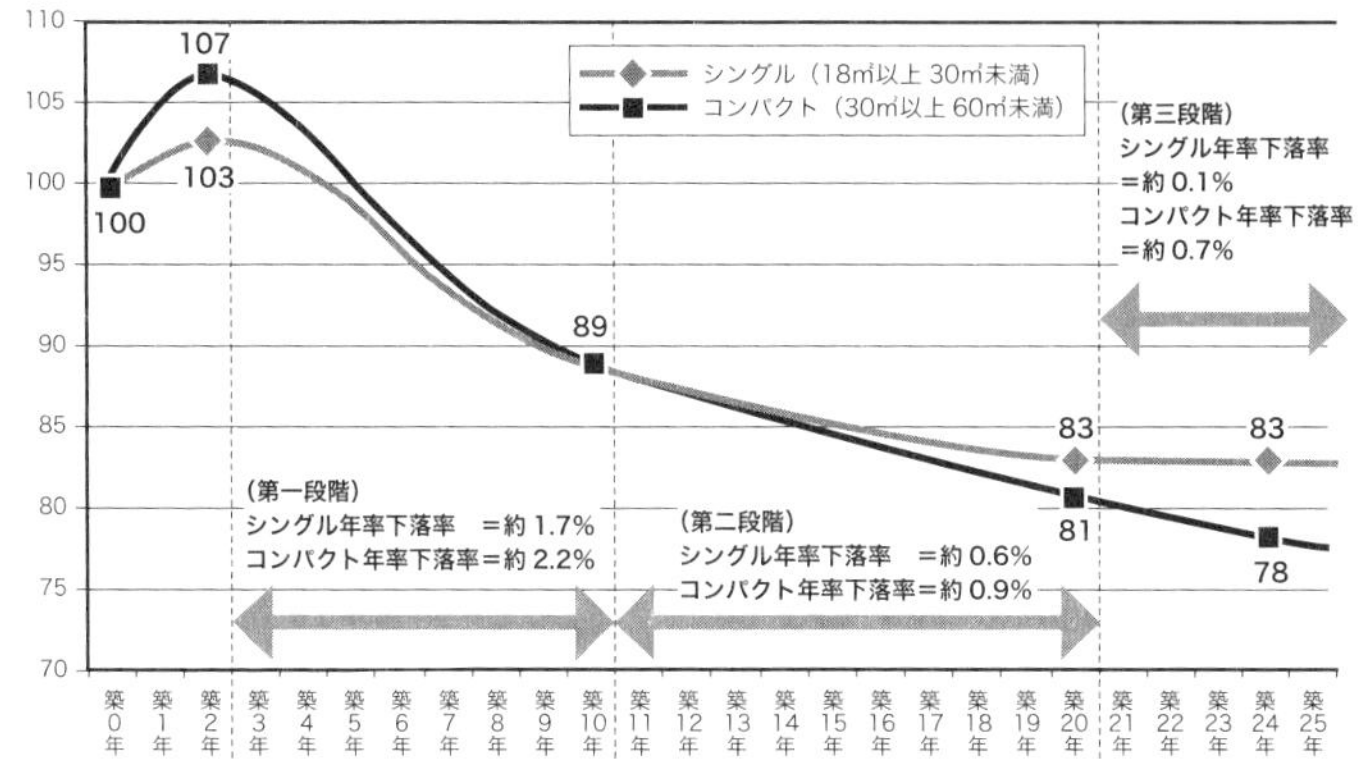

出所：アットホーム株式会社のデータを用いて三井住友トラスト基礎研究所算出
※2001～11年の理論資料指数を築年数ごとに平均した数値。

タイミングで次の入居者を募集しますが、同額の家賃で決まったことが多いのです。中には、交渉が入って、1000～3000円くらいは下げたこともありますが、リフォームをしたときは、反対に3000円アップしても入居がスムーズに決まったこともありました。

大家業をスタートする人は、次のことを絶えず頭に入れておいてください。

賃料は平均すると築20年前後を境に下げ止まることが多い。

例えば、築10年の部屋を購入してスタートし、そのときは9万円で貸し出せていたとすれば、10年後に退去して新たな入居者の募集をした場合、下げたとしても8万円前後では決まる可能性が高いということです。部屋次第ということにはなりますが、私の感覚では、それまでが9万円で貸せていたのであれば、8万5000円前後で次の方が決まると思います。

先の表は賃貸需要の高い東京23区を例に挙げていますが、賃貸需要のある場所＝人が集まる場所と考えてください。皆さまの地元エリアでも、そんな所があるはずです。部屋を持つ場所さえ間違えなければ、相場賃料の半額になるなど、極端に下がるということは考えにくいと思われます。

不安③　今は低金利だと言われているけれど、今後上がったらどうしよう……

皆さまが目にする機会の多い住宅ローン。日銀がマイナス金利を導入したこともあり、最も低いところでは0・4％台、フラット35の35年の固定金利でも1・1％台という、低金利の状況になっています（2017年8月時点）。

皆さまのように大家業として融資を受けるときは、「アパートローン」とか「プロパーローン」という、住宅ローンとはまた違ったくくりの融資になりますが、それでも1％台後半〜2％台で貸してくれる金融機関は少なくありません。

そんな状態を目にすると、「今はかなり低いので、後は上がるしかない」とか「いつ上がるか分からないから不安……」と思う気持ちが強くなってきます。その心理は、よく分かります。

ここで一つ、シミュレーションをしてみましょう。

２０００万円の物件を、頭金10万円で購入、１９９０万円を２％・30年で借りた場合で考えます。

まず、当初の毎月返済額は「７万３５５４円」です。仮に10年後に２倍の４％に金利が上がったとしたらどうなるでしょうか？　毎月の返済額は「８万８１０８円」に上がります。差額は「１万４５５４円」になりますので、表面的に見ると負担が増すように感じます。

しかし、この負担増を感じさせない方法があるのです。「繰上返済」です。10年後に金利が４％に上がっても、当初の７万３５５４円の返済に抑えるためには、いくら繰上返済すれば良いと思いますか？　答えは「２４０万円」です。購入後、毎月２万円ほどの積み立てを行っておけば、金利上昇にも備えられることになるのです。

これは、４％に上がったケースです。仮に、金利が上がらず、２％で変わらなかったとしたら、どうなるでしょうか。その貯めた２４０万円を10年後に繰上返済に回すと、毎月

図表2−5−3　10年後の残債シミュレーション

10年後の残債は	返済120回目	14,539,770円

4%に上昇して残り20年で考えると、
毎月の返済額は「88,108円」にアップ

繰上返済約240万円で、
当初の返済額73,554円に抑えられる。
（残債は約1,213万円に下がる）

の返済額は「6万1413円」に減らすことができます（返済額軽減型を利用した場合）。

さらに、家賃収入の手取りを充てられるのであれば、繰上返済に入れられる金額はもっと増えます。大家業をスタートした後だからこそ、毎月継続して貯蓄をしていくことの大切さ、ありがたみは、こういうところで生きてくるのです。

また、金利が上昇するというのは、別の観点から見れば、世の中の景気が良くなってきたことの表れでもあります。つまり、インフレに向かうということです。インフレになれば、ものの値段が上がり、給与も増えることに伴って、更新のタイミングで入居者からもらえる家賃も上げられます。ものの値段が上がるということは、実物資産である不動産の価格も上がるということを意味するのです。

ここで、重要なポイントが一つあります。金利や物価などが上がるインフレになっても、一つだけ上がらないものがあります。何だか分かりますか？

金利や物価が上がっても、借入の残高は上がりません。

つまり、マンションを保有し続けても、借入の残高は変わらない一方で、受け取る家賃は増えるのです。手取りのアップにつながりますし、仮に売却するという選択をしても、物件の価格が上がっているので、借入の残高を差し引いた手取りは増えることになります。

金利の上昇というと、返済の金額が増える点にだけ目が行きがちになりますが、世の中全体の変化を予測すれば、実物資産を保有していることによるメリットは大きいことに気付けるはずです。

不安④　将来的に修繕費用が結構かかってくるのでは……

マンションは、築年数が増えると設備も古くなるため、「壊れたときに備えておかないと不安だよ」という声もよく耳にします。

大家業をしている方の話を聞くと、修繕で４００万円ほどかけてメンテナンスしたというケースもありました。この金額を聞くと「えっ、そんなにかかるのでは、家賃の手取りがあっても、修繕のタイミングで全部消えちゃうよ」と感じるかもしれません。でも、安心してください。

高額の修繕費用を見込んでおかないといけないのは、一棟のアパートなどを保有されている方です。区分マンションの大家の場合は、高額になることはほぼありえない、と考えていただいて大丈夫です。

マンションには「修繕積立金」という素晴らしいシステムがあるのです。

詳細は後述しますが、この制度と建物全体の管理会社の計画の下、そして長期の修繕計画があることによって、購入するマンションが今後どんな修繕を行い、費用がいくらくらいかかるのかを事前に確認することもできるのです。

この計画を作成していないマンションもありますが、過去の履歴を見れば、いつどんな修繕をしたか分かります。それを見れば維持管理がしっかりと行われてきているマンションなのかどうかも確認できます。従って、皆さまが気に掛ける修繕費用という面は、所有する部屋の中だけを考えていただければ大丈夫です。

では、壊れて修繕しないといけなくなりそうなものは何でしょうか？　室内に入っている配水管が壊れる場合もありますが、いつ修繕が必要になってくるか分からない部分もあるので、あまり考え過ぎない方が良いと思います。また、そういう設備の場合、壊れたときの状況にもよりますが、火災保険でカバーできる場合もあります。

修繕の対象になるのは、「エアコン」と「給湯器」です。エアコンは10年前後、給湯器は12年前後で修繕（交換）する必要があります。これは目安の年数なので、この年数より短くなることも、長くなることもある点はご承知おきください。金額としては、エアコンで大体7～8万円前後、給湯器で10万円台前半がよくある価格帯です。

このように考えてくると、修繕費用をあまり気にし過ぎなくても良いと思いませんか？

私も、所有している部屋で交換をしたことがありますが、それまでの家賃の手取りで賄えていることがほとんどでした。今後、もし最悪の事態が生じても、毎月やっている自分の積み立てをそれに充てれば良いと思っています。頻繁にあることではないのです。いつかあるけれど、過度にそれを意識して備えることまでは不要というのが私の考えです。

また、部屋のリフォームなどと一緒に交換したりするケースもあります。その場合、数十万円という費用が発生するケースもありますが、もし皆さま自身の手持ちのお金を減らしたくないという場合は、リフォーム資金ということで、融資を受けて賄うこともできます。融資はマンションの購入時だけではなく、途中の修繕のときにも、必要があれば借りることができるのです。マンションへの投資が、大家業という事業として行われているからこそ、事業資金として金融機関も修繕に対しての融資を行ってくれるのです。

不安⑤　日本は地震の多い国だから、もし大地震が起きたらって思うと……

東日本大震災のような天災は、日本で生活している限りいつ起こるか分かりません。だからこそ、不安に思うものです。その気持ち、よく分かります。

ただ、この不安も修繕に関する不安と同じです。いつ起こるか分からないもの。自分ではコントロールできない事象については、過度に考えないことです。

大家業を営む心得の一つに、次のものがあると私は思っています。

意識をマイナス面ばかりに向けない。

大家業に限らず、投資全般に対して取り組めない方の特徴の一つは、プラス面よりもマイナス面に意識が向いてしまって動けなくなるということです。そう私は感じます。
こういう話だけでは何の解決にもならないので、具体的な例を挙げてみましょう。

区分マンションの場合は、通常鉄骨や鉄筋コンクリートという堅固な構造で作られているので、火災で一気に燃え広がるということは考えにくいでしょう。仮に、ある部屋で火災があったとしても、上下左右の部屋への影響は若干あるかもしれませんが、木造とは違うので、それほど大きなダメージはないでしょう。安心感は大きいです。

不安の大きな部分は、地震によるダメージに対するものだと思います。日本の建築物は、建てるときの基準として「新耐震基準」をクリアしていなければなりません。一つのポイントは、昭和56年6月1日以降に建築確認を受けて建てられたマンションか、それ以前に建てられたマンションか。新耐震基準で建てられたマンションは、かなり強固な作りをしています。

東日本大震災の後、テレビなどで壁に亀裂が入ったマンションの映像や写真をご覧になった方も多いと思いますが、それはごく一部のケースです。ある調査によれば、「軽微な損傷」と「損傷なし」を合わせると97・36%という数字になりました。つまり、大多数のマンションは倒壊せずに、無傷あるいはそれに近い状態で残ったのです。

図表2−5−4　建設年と地震被害の影響

調査対象	東北6県＋関東1都6県					阪神・淡路大震災（関西圏）				
建設年代＼建物被害	大破	中破	小破	軽微・損傷なし	総計	大破	中破	小破	軽微・損傷なし	総計
～昭和46年	0棟	0棟	41棟	1,507棟	1,548棟	31棟	18棟	22棟	295棟	366棟
	0.00%	0.00%	2.65%	97.35%	100.00%	8.47%	4.92%	6.01%	80.60%	100.00%
昭和47年～昭和56年	0棟	10棟	202棟	7,248棟	7,460棟	42棟	49棟	158棟	1,562棟	1,811棟
	0.00%	0.13%	2.71%	97.16%	100.00%	2.32%	2.71%	8.72%	86.25%	100.00%
昭和57年～	0棟	34棟	941棟	36,382棟	37,357棟	10棟	41棟	173棟	2,860棟	3,084棟
	0.00%	0.09%	2.52%	97.39%	100.00%	0.32%	1.33%	5.61%	92.74%	100.00%
総計	0棟	44棟	1,184棟	45,137棟	46,365棟	83棟	108棟	353棟	4,717棟	5,261棟
	0.00%	0.09%	2.55%	97.36%	100.00%	1.58%	2.05%	6.71%	89.66%	100.00%

（社）高層住宅管理業協会　　（株）東京カンテイ

この事実を踏まえて、耐震偽装問題が起きたような一部の例外的なマンションを除けば、地震による倒壊のリスクは、限りなく低いと私は考えています。そうは言っても100%ではないので、地震保険に加入したり、より耐震性がしっかりしている新耐震基準で作られたマンションを選んだりすることが、大家としての安心につながるのではないかと考えます。

不安⑥　マンションも古くなると資産価値が落ちてしまうのでは……

築年数が経過するに伴って、あちらこちらで傷みが出てくるのは間違いのないことです。ただ、区分マンションの場合は、建物全体を管理する会社が、しっかりと計画的に維持管理や修繕などを行ってくれれば、築年数を感じさせない外観を維持できるだけでなく、配水管のような目にしない部分に関しても定期的にメンテナンスをしてくれます。

実際、建物の価値は、皆さまが思っているほど落ちないと思います。賃料下落は新築から20年前後で下げ止まります（52ページ参照）。これは建物の価値についても近いことが言えます。管理状態による差が大きいので、平均化してお伝えできないところではありますが、マンションの価格も、築20〜30年前後で下げ止まる傾向があると私は考えています。

マンションは、資産価値ではなく、「マンション力」が重要。

不動産としての資産価値ではなく、大家業から見たマンションの力を評価するのです。あるマンションがどのくらいの「マンション力」を有しているかを見たいときは、同じエリアで同じような間取りの「築30年前後」の物件を探して、いくらで売りに出されているのかを見てください。個別要因の強い不動産取引なので必ずとは言えませんが、おおよその価格の目安はつかめるはずです。

また、大家業として保有しているマンションの場合は、入居者から頂く家賃も売買価格に影響します。後ほどお伝えしますが、入居者がいらっしゃる状態で売りたいという場合は、購入希望者は「利回り」という計算をして考える方が多いです。例えば、年に１００

万円の家賃を受け取れていて売り出し価格が1000万円であれば、利回りは10％という具合です（100万円÷1000万円×100）。

この利回りも、マンション力の一つの指標になります。そのエリアでどのくらいの利回りが求められているかも調べておくといいでしょう。

家賃の下落が下げ止まってくる築20年前後以降であれば、売り出す価格はある程度下げ止まるというイメージは持って大丈夫だと思います。例えば、将来の年金の不足分を補いたいという思いで大家業を始めるのであれば、基本は売らずに持ち続けるというスタンスになるので、今の資産価値についてはあまり意識しなくてもよいでしょう。

ただ、気にはなるところだと思いますし、実際に私自身も、基本スタンスは売却せずに長期で保有してコツコツ毎月の家賃収入を得ることを目的にしていますが、年末などに「今手放したらいくらで売れそうか」とインターネットで確認することは、年に一度くらいはやるようにしています。

大家業を継続していく場合には、売れる価格がいくらかということよりも、長期的に安定した賃貸需要があって、家賃収入を生み続けてくれる「マンション力」のある部屋こそが、資産価値が高いと考えるべきです。

6 大家業の基本用語は理解しておこう

大家業にまつわるさまざまな不安と向き合って、「自分でも取り組めそうだ」と感じれば次のステップです。最低限知っておかないといけない基本用語を紹介しましょう。

表面利回りと実質利回り

大家業に関わる「利回り」について、少し掘り下げて説明したいと思います。

不動産への投資は、金融資産への投資とは違いますし、利回りが全てではありませんが、投資物件を探していると必ず「利回り」を目にします。

ここでのポイントは、表面利回りに惑わされず、実質利回りを見て考えないとダメということです。

表面利回りとは言葉通り「見た目の利回り」ということです。自分がいくらお金を出して、それに対してのリターンがいくらかということです。身近な例を挙げれば、銀行の普通預金の利息です。2017年8月現在、銀行の普通預金の利息は「0・001%」で、これが利回りです。

大家業においての利回りとは、「年間家賃と物件価格のバランス」とイメージしていただくと分かりやすいかもしれません。表面利回りは「年間家賃収入÷物件価格×100」で計算することができます。シンプルなので分かりやすいと思います。

〔例〕

毎月9万円の家賃を受け取れる部屋が1800万円で売りに出ている

表面利回り＝90000円×12カ月÷18000000円×100＝6%

不動産広告に記載されていることが多い利回りは、この表面利回りであることが多いです。理由としては、表面利回りを掲載した方が魅力的な投資対象物件に見えるからです。銀行の預金金利0・001%が多い中、6%という数字を見れば、お金の預け先という点でも魅力的だと感じるはずです。不安＝リスクを乗り越えるからこそ、より大きなリターンを受け取れるのです。

しかし、この「表面利回り」は「見た目の利回り」です。これをうのみにしたら失敗します。

「実質利回り」が重要になります。

大家として例えば9万円の家賃が毎月受け取れたとしても、その全額が全て自分の手取りになるわけではありません。この実質利回りを考える際にキーポイントになるのが、「管理費・修繕積立金」です。これは、毎月の維持管理コストです。

先の例のように、表面利回りが6％の物件を考えてみましょう。

〔例〕

毎月9万円の家賃を受け取れる部屋が1800万円で売りに出ている

この部屋の管理費・修繕積立金の合計は1万2000円

実質利回り＝（90000円－12000円）×12カ月÷18000000円×100＝5・2％

この例だけを見ても、表面利回りと実質利回りで「0・8％」も差が出ます。この実質利回りこそが手取りの実態です。

大家業を始める方は、この実質利回りがどのくらいになるかを常に意識してください。基本中の基本の部分なのですが、これをご存じない方も少なくないのです。実質利回りを考えられるようになるだけで、その他大勢よりも一歩前に進めますよ。

管理費・修繕積立金

管理費と修繕積立金は、経費として毎月の支出になるものです。実質利回りを見る上でも必要になる数字です。

では、管理費と修繕積立金とはどういうものなのでしょうか？

管理費は、建物全体の共用部分を適切かつ計画的に維持管理をしてもらうために、建物管理会社に支払う費用です。修繕積立金は、区分マンションを持っている皆さまが出し合って、将来の大規模なメンテナンスに備えて積み立てるお金、というイメージを持っていただければ良いと思います。つまり、どちらも経費にはなるのですが、管理費は建物管理会社の収入、修繕積立金はマンション全体の収入となります。

では、ここで問題です。

大家として区分マンションを長期で保有する場合、管理費と修繕積立金のどちらがより大切だと言えるでしょうか?

大家にとって、より大切なのは修繕積立金です。

もちろん、管理費を支払う建物管理会社が適切にメンテナンスをしなければ、建物全体の見た目やエントランス周りの清掃などもままなりません。しかし、大掛かりなメンテナンスが必要になったとき、修繕積立金が十分に貯まっていないと、不足するお金を所有している大家が払うことになるのです。

管理組合として借入をすることもありますが、利息を付けて返済をしていくことになるので、結果としては修繕積立金の値上げという形で個々の大家に跳ね返ってくることになります。仮に「貯まっているお金でできることだけをやろう」という判断になれば、十分なメンテナンスができず、マンション力の低下にもつながりかねません。

こう見ていくと、修繕積立金が大家にとっては管理費以上に大切なことがお分かりになると思います。

しかし、区分マンション大家のメリットの一つは、この管理費・修繕積立金の仕組みがあることだと私は感じています。大家は、いつどんな修繕工事をする必要があるのかが分

図表2−6−1

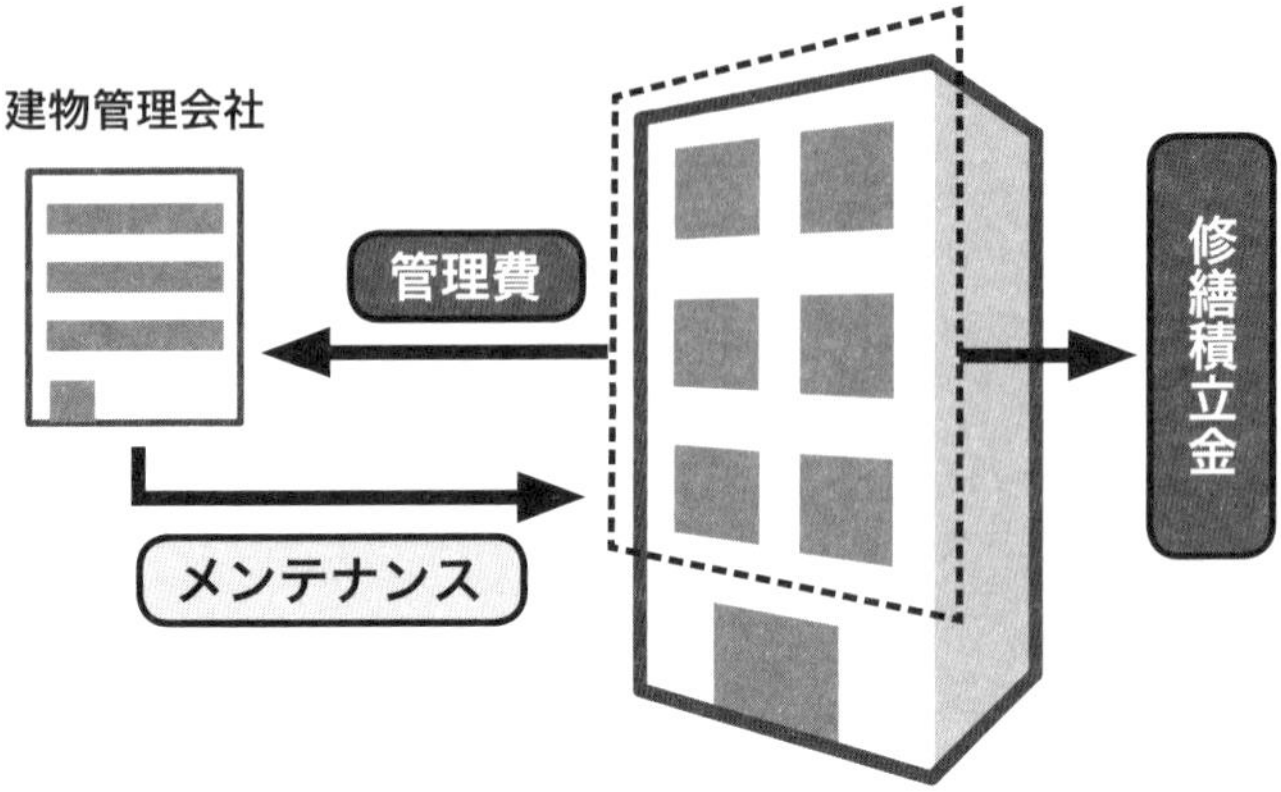

かりません。マンションのメンテナンスのプロではないからです。そこで、建物管理会社というプロに任せることで、マンション力を維持し、長期的に安定した収入を得続けられます。

だから、マンションの区分所有が良いのです。区分マンションを用いた大家業をするのであれば、管理費と修繕積立金の違いと、修繕積立金があることの意味合いをイメージできていれば大丈夫です。

固定資産税・火災保険

固定資産税と火災保険は、毎月の経費となる管理費や修繕積立金とは異なり、年間にいくらかかるかを気にする経費だと捉えれば良いと思います。

あまり馴染みのない方に説明すると、固定資産税は、毎年1月1日時点で不動産を所有している人に対してかかる税金です。火災保険は、建物（区分マンションの場合は自分の部屋）に火災や水漏れなどで損害が生じたときに保険金が下ります。

ワンルームの区分マンションの場合、固定資産税は築年数や広さ、所在場所によっての違いはありますが、おおよそ3万〜6万円前後になる部屋が多いです。これは年額なので、月に直すと3000〜5000円くらいです。

この税額は「固定資産税評価額」というものを基準にして決めており、建物と土地に分けて計算されてくるものですが、総額が年間でいくらかかるのかを、購入前に売り主さんに確認して把握しておくことが大切だと考えます。

火災保険に関しては、ローンを組んで購入する際には加入することを条件にされることが多いですし、万が一の安心のためにも入っておいた方が良いと私は考えています。これも保険会社が出す加入目安の金額を踏まえて手続きをすることが多いのですが、ワンルーム区分マンションの場合は10年で2万円前後くらいが多いです。火災保険は現在最長で10年までしか加入できないのですが、10年で2万円なので年間にすると2000円くらいです。

ただ、部屋の中で起きた損害全てがカバーできるわけではありません。例えば、配水管が古くなって自然と壊れて室内が水浸しになったというのは、配水管に何かの被害があって壊れたわけではないので保険金は出ないということがあります。それでも、月額にすると200円弱なので、加入しておいた方がベターです。

地震保険というものもあります。地震のような天災の場合は火災保険が適用されないので、地震保険でカバーするかどうかの選択になります。

地震保険は最長5年で、値段としては2万円前後が多いです。年にすると4000円。月にすると300円強になるので、火災保険とのセットだと月額500円前後くらいが目安です。

東日本大震災のときでも97・36％の大多数の物件に損傷がなかったことを考えると、ワンルーム区分マンションの場合は地震保険に加入しなくても良いと考える方もあると思います。実際、私の周りで区分マンション大家をしている人に聞くと、「火災保険は加入しているけれど地震保険は入っていない」という方も多いのです。

この判断は、大家一人一人の考え方によるので、どちらが良いとは言い切れないのですが、私自身は全ての保有物件で地震保険にも加入しています。決して安くはありませんが、目玉が飛び出るほど高い金額でもないので、安心料と考えての判断です。

減価償却費

この用語は、経理とか税務に関わる仕事に携わっていないと、耳にすることの少ない言葉です。ただ、大家業を進めていくためには切っても切り離せない用語です。

減価償却費とは「お金の支出がないにもかかわらず、その年の経費に入れられる」という性質の費用です。

「経費って、何かにお金を使って領収証をもらうと、役所が認めてくれるんだよね」と思われたあなたは、とても良いポイントをついています。おっしゃるとおり、経費はお金の支出と対になるものではあるのですが、減価償却費という経費はそうではないのです。ある高額のものを購入したとき、すでにお金は支払ったのだけれど、それが経費として一回で落とすような性質でないものの場合は、税法で決められた年数で経費に落としていくことになります。最初の年にお金の支払いは全て済ませていながら、2年目以降は支払いがなくても、経費として落とせるのだというイメージを持っていただければと思います。

大家業に関係するメインは「建物」です。例として、2000万円の区分マンションを挙げます。2000万円で賃貸用のマンションを購入した場合、まずこの2000万円の内訳を考える必要があります。所有権を持つマンションの場合では、この2000万円は「部屋」と「土地の持ち分」に分かれます。マンションだとしても、敷地内の場所は特定できませんが、一部は自分が所有しているのです。

ワンルームマンションの場合ですと、「5～6㎡分」が自分の持ち分になることが多いです。ただ、今のテーマの減価償却費に関係するのは「部屋」分だけです。

では、なぜ土地は経費にならないのでしょうか？

土地は、利用したからといって価値が下がったり消費されたりするという性質がないからです。一方の部屋（建物）は、築年数に応じて古くなっていき、メンテナンスが必要になったりと、少しずつ価値が下がっていく（＝減価していく）のです。この築年数に応じて、「少しずつ下がっていく価値分を費用に入れて良いですよ」というのが減価償却費なのです。

そのため、最初に購入したときに2000万円の支払を済ませ、2年目以降の支出はなくても、経費に入れることができるのです。

分かりやすくするために、この2000万円のうち、部屋が1800万円で土地持分が200万円だとします。区分マンションの場合、基本的にRC（鉄筋コンクリート）という頑丈な作りになっているので、税金の計算、費用の計算のルールとして「47年で費用計上する」ということが決まっています。もし、この2000万円のマンションが新築だとしたら、毎年の減価償却費は「18000000÷47＝382978円」となり、所有して賃貸している限り、47年間、毎年この38万2978円を経費に計上することができるのです。

〔例〕

2000万円の区分マンション（内訳：部屋1800万円＋土地持ち分200万円）
新築は47年で費用計上
減価償却費＝18000000÷47＝382978円
47年間、毎年38万2978円を経費として計上できる！

それでは中古のマンションの場合はどうなるのでしょうか？
これにもルールがありまして、先ほどのマンションが築15年だとした場合、経費にできる年数は、「47－経過年数＋（経過年数×20％）（小数点未満切り捨て）」の式で計算します。

〔例〕

２０００万円の区分マンション（内訳：部屋１８００万円＋土地持ち分２００万円）

築15年であれば

「47－15＋（15×20％）＝35年」となるので、

減価償却費＝１８０００００÷35＝５１４２８５円

35年間、毎年51万４２８５円の経費を計上できる。

このように、新築と中古では、物件としては同じ価格なのに、減価償却費が異なります。確定申告をする場合、大家業の経費は基本的に限られたものになるので、空室になったり修繕費用がかかったりしなければ、毎年の収支はほぼ一定になり、プラスになることが多いです（お金の流れとは別の話です）。そのため毎年の収支がどのくらいになるのかは、区分マンションを購入したその時点で大枠はほぼ確定することになるのです。

ポイントは、「築年数や部屋分の金額割合の違いで減価償却費が変わる」ということです。整理すると、

図表2-6-2

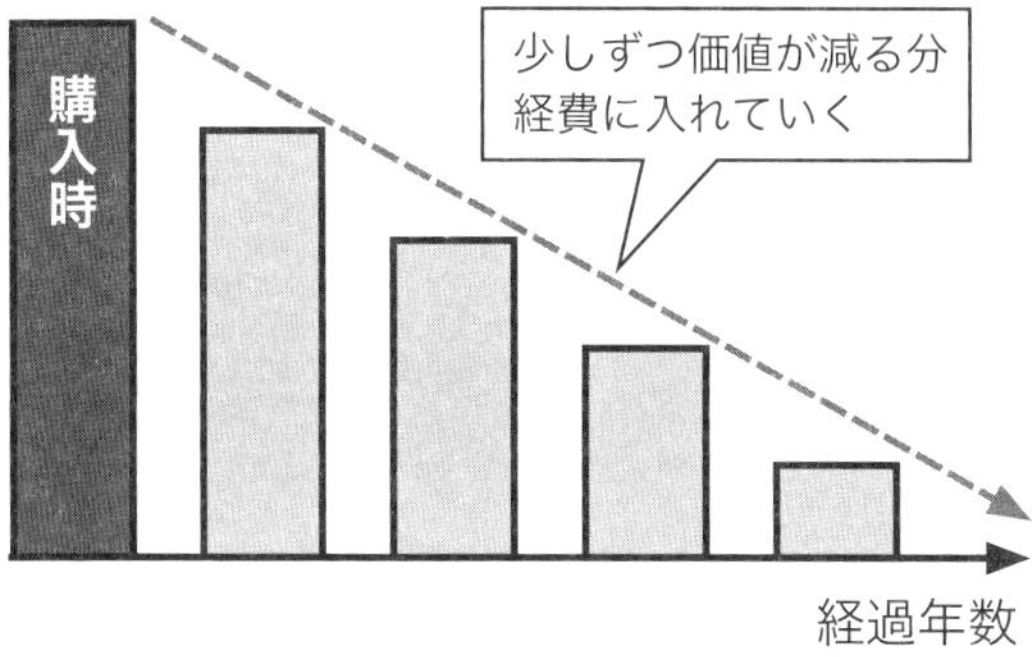

①同じ金額のマンションだったとしても築年数が古くなれば減価償却費は大きくなる。

②部屋分（建物）の金額割合が大きくなれば減価償却費も大きくなる。

このように、築年数や建物と土地の割合によって経費に上げられる減価償却費が変わります。ここでは、この点をイメージできていれば大丈夫です。

7 区分マンション取得に関わる費用を知ろう

前節でお伝えした大家業の基本用語は、最初から全てを把握しようとせず、まずはイメージで全体像をつかむようにすると、とっつきやすくなります。そのようなイメージを作っていくようにお読みいただき、その後は、実際に物件を検討する中で分からなくなったら見返すという方法がよろしいかと思います。

この節でお伝えするのは、2000万円の区分マンションがあったとしても、2000万円だけ用意すれば手に入るというものではない、ということです。実際に物件の購入時にかかる費用があります。

仲介手数料

区分マンション購入時にかかる費用で、大きな割合を占めるのがこの仲介手数料です。仲介手数料は、宅地建物取引業法で「上限の金額」が次のように定められています。

物件価格200万円以下　↓　物件価格の5％以内＋消費税
物件価格200万円超400万円以下　↓　物件価格の4％以内＋消費税
物件価格400万円超分　↓　物件価格の3％以内＋消費税

このように段階的に定められてはいますが、400万円以下の物件を選んで大家業を行うことはまれなケースになるので、物件価格が400万円以上の場合、マンション購入時の仲介手数料は次の計算式で求めることができます。

「(物件価格×3％＋6万円)＋消費税」(右記をまとめた速算式です)

仮に2000万円の物件だとすると、「20000000×3%+60000=660000円+消費税=712800円」になります。

仲介手数料は、不動産会社の営業担当が取引をまとめてくれたことへのお礼の気持ちを込めて支払う、成功報酬というイメージを持てばよいかと思います。また、営業担当の収入にもつながる要素も秘めているので、担当者のやる気やモチベーションにもつながるものだと私は考えています。「高い手数料だな」と思うかもしれませんが、仲介手数料は値切ったりせず提示された金額を支払うことをお勧めします。

物件を売りたいと思っている相手も人なら、買いたいと思っている皆さまも人です。売りたい人と買いたい人をつないでくれる営業担当者も人です。心地よくスムーズな取引で、大家業を円滑にスタートさせるためにも、支払うべきお金は、気持ちよく払ってあげる。こういった心積もりが大切だと私は考えます。

そうはいっても費用は抑えたいというあなた。実は仲介手数料を払わないで済む方法があるのです。

不動産会社が「売主」であるマンションを選ぶと、仲介手数料を抑えられる。

これは広告や案内図面の中に「取引態様」という欄があり、そこを見ると記載がありま す。仲介手数料は売りたい人と買いたい人をつなぐ営業担当者に対して発生する手数料なので、そもそも売りたい人＝不動産会社であれば、つなぐ必要がないので、仲介手数料の支払いをせずに済ますことができるのです。

売主物件であれば仲介手数料の負担なく購入ができるのだということは、選択肢の一つとして頭の片隅に入れておいていただければと思います。

登記費用

大家業として区分マンションを購入したとしても、その部屋が自分の持ち物だということを客観的に示しておかないと、のちのちトラブルになりかねません。

登記は、自分の持ち物であることを第三者に対して客観的に証明できるようにするための手続きです。またローンを組んで購入した場合、万が一返せなくなった場合に備えて、金融機関が抵当権という権利の設定をするのも、登記される内容になります。そして、その手続きを代行して行ってもらえる専門家が司法書士になります。

この登記費用は、司法書士の先生に支払う報酬と登記をするのにかかる実費の印紙代と考えてください。この登記費用は、選ぶ物件によってかからなくなるということはありません。まれに費用を安く上げるために、自分で登記をしようとする方もいるという話を耳にしますが、専門家に依頼をして確実に間違いのない手続きをしてもらうことの方が大切だと私は考えています。

ワンルームマンションの場合、ローンを組まずに全額現金で購入するという場合であれば、おおよそ15万円前後。ローンを組んで購入する場合はおおよそ25～30万円くらいかかるとお考えいただければズレは少ないです。

火災保険・ローン事務手数料

火災保険は10年で2万円前後、地震保険は5年で2万円前後です。この支払いは、最初の加入時に一括で支払うか、1年ごとに支払うかの選択になる場合が多いです。若干ではありますが、毎年払うよりもまとめて支払う方が割引も利くので、一括で支払ってしまうことをお勧めします。

ローンの事務手数料は、大きく分けると2パターンあって、ローンの金額にかかわらず一律いくら（1000万円借りても2000万円借りても10万円＋消費税など）という場合と、ローンの金額の多寡によっていくらか変わる（借入金額の2％＋消費税とか2・5％＋消費税など）という場合があります。

これはローンを利用する金融機関ごとに決まっています。最近は金融機関の融資は、物件価格だけでなく、仲介手数料や登記費用のような諸費用まで含めて融資額を考えてくれるところもありますが、このローン事務手数料に関してだけは、金融機関の収益になるものなので融資の対象にはならず、必ず自己資金で準備する必要があります。

不動産取得税

取得に関わる費用の最後は「不動産取得税」です。この税金の金額も、固定資産税と同じように「固定資産税評価額」を基準にして決まります。マイホームを取得する（自分が住むために部屋を買う）場合は、控除などが適用されて、払わなくて済むケースが比較的多いのですが、大家として賃貸事業をする目的で中古物件を取得する場合は、必ず不動産取得税がかかってきます。

この不動産取得税のやっかいなところは、購入した後、忘れた頃に支払いがやってくるという点です。購入のときに一緒に払う税金ではなく、市区町村によって異なるのですが、取得し登記をしてから半年後くらいを目安に、ある日納付書が届いて支払うという流れになります。

金額は、ワンルームマンションの場合、8~13万円前後くらいになることが多いです。およそ半年後に払うことになるので、「取得税　忘れた頃に　やってくる」と、五七五で覚えていただき、頭の片隅に入れておいていただければと思います。

以上が取得に関わる全体の費用ですが、もろもろの費用のトータルは、目安として物件価格の7~8%くらいと考えてください。売主物件を購入した場合は仲介手数料がなくなりますので、4~5%くらいと考えていただければと思います。費用は意外と多いので、その準備は怠らないように気を付けてください。

8　大家になるための学びを身に付けていくやり方

少し時間をかけてセミナーに参加する

まず、学びをより深めて新たな気付きを得るという意味で、セミナーへの参加は良い方法だと私は考えています。私自身も、1戸目を購入するまでは、インターネットで検索をしたりなどして、セミナーの情報を集めました。そして、興味を覚えたセミナーには、有料・無料を問わず、よく足を運んでいました。

無料のセミナーは、主に不動産会社が主催のものが多く、お客さまを獲得したいという意図があるので営業的な話も入ってきます。それでも、「初心者向け」とか「これから始めたい方向け」という内容であれば、基本を学べるので良いと思います。

そんな無料セミナーに行ったら、営業担当との個別相談も依頼し、話をしてみると良いでしょう。気後れしてはいけません。受け身で話を聞くだけでなく、自分から話をして、営業担当との接点を作ることが、大家業を始めるためには避けて通れない道です。個別相談は具体的な話になるので「気が進まない」と思う方もいらっしゃると思いますが、チャレンジしましょう。

営業担当者という存在が、物件の紹介をしてくれるのです。その人間関係を豊かに作り上げることが、大家業を始めるためには必要不可欠です。

私が、そんなセミナーや個別相談で重視していたのは、「どういう雰囲気の会社なのか」ということと「受付や相談などで接する社員の方々はどういう対応をするのか」という2点です。どういう物件を紹介してくれるかという「物」ではなく、そこにいる「人」を見ることに意識を向けていました。言葉遣い、同僚との会話、会場から醸し出される雰囲気など……。

つまり、信頼関係を築いていきたいと思える会社あるいは担当者なのか、という部分を重視していたのです。

大家業では、不動産会社の営業担当から物件を紹介してもらうことが大切なのではなく、むしろ紹介してもらった物件を購入したいという気持ちを固めた後のプロセスの方が大切です。売り主さまとの価格交渉の調整や融資が受けられるかどうかの打診、契約など、気を遣う細かなところがいろいろと出てきますので、そこを営業担当にうまく取りまとめてもらわなければなりません。これをやってもらうことができなければ、大家にはなれないのです。

そのプロセスでは電話やメールなどでのやりとりが出てきます。スムーズにやりとりができるかは、営業担当者との相性にも関わってきます。だからこそ、大家業は、いかに信頼のできる相性の良い会社や営業担当者と出会えるかが大切なのです。

これから大家業をスタートしたいと考えている方は、不動産会社や営業担当者との接点がゼロだと思います。しかし、焦らず、多少時間や手間がかかるかもしれませんが、1戸目購入のスタートを切るに当たっては、どの会社のどの担当者をパートナーにするかの選択は、慎重にやりましょう。この選択が、非常に大切です。

皆さま考え方や感じ方が異なるように、不動産会社や営業担当者もいろいろです。ぜひ出会いのきっかけの数を増やすことを意識しながら、相性や考え方が合うと感じる会社や担当者を見つけるために行動してください。それこそが、1戸目購入のスタートをスムーズに切る近道になると私は考えています。

本を読んで著者に会いに行く

セミナーに行きたくても、休みが少なくて、なかなか時間を確保できない方もいらっしゃると思います。そんな方には、時間や場所を選ばず、通勤電車の中や就寝前のベッドの中などの「細切れ時間」を利用しながら、大家業の経験者などの本を読むというのも良い方法です。

大家業をスタートするためには、いずれ不動産会社や営業担当者と接点を持つ必要は出てきますが、本を通していろいろな考え方や方針の立て方などをまず知ってからでも遅くはありません。むしろ、そのような流れの方が、時間の短縮になることもあります。

私が大家についての学びを始めた2006年後半と比べると、現在は「不動産投資」をテーマにした本はたくさん出ています。

本は大きく分けると、「成功大家もの」と「不動産会社もの」があります。

「成功大家もの」は、大家として活動する中で自分が取り組んだ経験をメインに書いています。「不動産会社もの」は、不動産会社の社長などが自社の認知度アップも兼ねながら書いた本です。

「成功大家もの」の本は、著者の個人的な経験が中心になります。そのため、その著者はその方法でうまくいったとしても、皆さまが同じように取り組んだときの成功の保証はありません。そこを念頭に置いて読むのがポイントです。いろいろと読んでいくと、「大家としてやっていくのにはいろいろなやり方、アプローチの仕方があるのだな」という気付きを得ます。

もし、「この人のやり方なら自分でも取り入れられそうだ」と感じる著者がいれば、本に書かれていることを一つ一つまねしてみることをお勧めします。学ぶことはまねることと言われるように、考え方やスタンスに共感できる人を見つけたのであれば、自分の主観はいったん横によけて、書いてあることの中で取り組みやすいものからやってみてはどうでしょうか。

できれば、その著者に会う機会を作るようにしましょう。実現すれば、一番良い方法となります。著名な方なら、セミナーをやっていることもよくあります。そこでリアルに話を聞くと、本を読んでいるだけでは気が付かなかった人柄などにも触れることができます。セミナーが終わってから、声を掛けて、本を読んだ感想を直接伝えましょう。

さらにそこから一歩踏み込んで、その著者と同じようなスタンスで自分もやってみたいと思えば、「サポートをお願いする」ということも良いと思います。相手に時間を使わせるので無料というのは難しいですが、コンサルタント料を支払ってでも本気でやりたいというような熱意を伝えれば、応じていただける可能性は高いはずです。自分のホームページを持っている著者もいますので、事前に確認した上でお願いするというのも良いと思います。

大家業の先輩を見ていると、事業をうまく進めることができる人の多くは、他の人に教えることが好きです。自分に合うと感じる著者を見つけたら、ぜひ会いに行ってみましょう。

次に、「不動産会社もの」の本は、不動産会社の社長などの著書で、社長の考えや会社の方針などを本から知ることができます。実際にあった事例なども載っているので、その内容からその会社のスタンスや取り組み方などが見えてくるかと思います。

そういう関連書を複数読んでいくと、「この会社なら信頼できそうだ」と思える瞬間が出てきます。自分とウマが合いそうな不動産会社を見つけたら、その会社が行っているセミナーへ実際に足を運んでみましょう。あるいは、すでに方針や考えは著作を通して知っているので、セミナーを受講せず最初から個別相談を申し込んで進めるという手もあるでしょう。

本は、1500円前後の投資で、その著者のエッセンスを知ることができます。大家業の本に限りませんが、本には読んでいて途中で飽きがくるものと、面白くて一気に読めるものがあります。自分に合った本や合わない本があって当然です。最初は、自分の興味を引くようなタイトルの本を複数手に取ってみて、ご自身に合うものを見つけてください。何よりも大切なのは、その本からリアルの行動につなげていくことです。

物件選択の疑似体験シミュレーション

相性の良い営業担当者と出会うことは大事なことです。しかし、いくら相性の良い担当者でも、実際に物件を紹介されたときに、相手の説明を全てうのみにするわけにはいきません。自分自身で、良い物件かどうかを考えられる視点が必要です。前もって、自分なりの視点や考え方を持っておきましょう。

そのために、私がお勧めしているのが、物件選択の疑似体験です。インターネットに掲載されている情報の中から、自分で良いと思える物件を見つけ、その物件の大家になったつもりで、いろいろとシミュレーションをしてみるのです。

1日に1回10分くらい、パソコンやスマートフォンなどに向き合うだけで、どんどん目利きの力が身に付きます。難しく聞こえてしまうかもしれませんが、楽しみながらできます。

私は一時期、このシミュレーションにはまりました。この後に説明する「現地を見る・街を見る」と合わせて、大家業を始めるまで、そして始めた後も、継続してやりました。今振り返れば、これらの実践が自分の力量を高めるいい肥やしになったと考えています。

具体的なやり方をお伝えします。私は大手不動産情報検索サイトを利用しながら、疑似体験を行っていました。最初は、沿線や駅など、「この辺りの物件を保有してみたい」という漠然としたイメージで構いません。知っている駅、知っている街、憧れに思う街……なんでもOKです。

「住んでみたい街」などで名前が挙がることの多い「吉祥寺」を例に挙げてみます。

最初の段階では、「吉祥寺にあるマンションを保有して大家業をできたら……」ということだけを考えておきます。最初に「中古マンションを買う」「投資・収益物件を買う」

を選びます。次に、都道府県を選ぶので「東京」を選択。今回は、駅が決まっているので「沿線・駅から探す」→「JR中央線」→「吉祥寺」と選択。

ここまで進むと、「吉祥寺駅」という交通便のキーワードが入った物件がたくさん出てきます。そこで、「さらに条件を指定する」を選んで絞っていきます。絞り込む内容には「価格」「面積」「駅からの徒歩」「築年数」など、いろいろな条件で検索ができます。設備に関わる選択もできます。最初は、不慣れなので、例えば1500万円以下とか徒歩10分以内など、思い付く条件を入れるだけで良いでしょう。

不動産情報の検索サイトは、指定できる条件が充実しています。検索サイトが良いと感じて利用したのは、部屋を借りる方がチェックを入れて絞っていくのと同じ要領で、大家になる側から条件を絞って物件を探すという疑似体験ができるからです。

一度見ていただくと、指定できる検索条件の多さに気付いていただけると思います。その条件の入力を繰り返していると、だんだんと「この条件にはいつもチェックを入れておきたいな（自分だったらこういう条件が良いな）」と、自分の物件に対する方向性が少しずつ整理されていくのです。また、条件を絞り過ぎると該当する物件がなくなりますし、絞らなさ過ぎても該当が多過ぎて選べなくなるということにも、気付くことができると思い

第1章
第2章
第3章
第4章
第5章

ます。

毎日少しずつで良いので、「今日は吉祥寺駅、徒歩10分以内、２０００万円以下のマンションを探してみよう」などと、インターネットで検索してみましょう。該当する部屋があれば一覧で表示されるので、「この条件だとこういうマンションがあるんだ」という気付きにつながります。このように、「今日は表参道のマンション探しをしてみよう」とか「今日は三軒茶屋辺りで見てみようかな」という気軽な気持ちで継続してください。すると、いつの間にか、大家になるイメージトレーニングができるのです。

これは数をこなすとよりいろいろなことが見えてきますので、ぜひチャレンジしてみてください。表示された中の一つのマンションを選んで、「実質利回りはどのくらいなのか」と考えることができれば、さらに大家業の力が磨かれていきます。

現地を見る・街を見ることを楽しむ

大家業の先輩の中には、「ワンルームマンションであれば現地を見ないで購入する」という方もいらっしゃいます。また遠方にお住まいだと、東京にある物件を見に行くとなると時間がかかるので難しいという方もいらっしゃいます。私も、不動産会社や営業担当者との信頼関係が出来上がっているのであれば、ワンルームマンションを見ないまま購入するという選択肢は、ありだと思います。

ただ、これから大家業をスタートされるのであれば、不動産会社や営業担当者に信頼してお任せというスタイルではなく、まずは現地に行って物件を見るというスタイルを持つことを私はお勧めします。

私は、今でも物件を購入するときは必ず、事前に一度か二度は現地へ足を運び、どんな物件なのかを直接見て、最終判断をするようにしています。物件を見に行くことが好きという理由もありますが、決してそれだけではありません。某ドラマで「事件は会議室で起きているのではない。現場で起きているのだ！」というセリフが有名になりましたが、私はまさにこれは大家業にも当てはまると思っています。

例えば、実質利回りが良くても、その状態はあくまで現時点のものです。今の入居者が抜けた後、次の方が見つかるまでに時間がかかるような物件だってあり得ます。「徒歩5分」と書いてあっても、実際に歩くと体感としては7～8分くらいに感じることもあります。

こういうところは、実際に現地を見ないと分からない部分です。逆に、現場に行けば、

「五感」をフルに活用できます。その五感を通して感じたものは、入居者も同じように感じるものかもしれません。現地を見ることの大切さは、伝わりましたでしょうか？

良さそうな物件が見つかっても、それを見るために現地に足を運ぶには、仕事以外の時間を利用しなくてはなりません。実際は、休みの貴重な時間を充てることになります。なので、同じ街で一度に複数の物件を見て回りたくなります。私は、３物件くらいがちょうど良いと思いました。欲張り過ぎず少な過ぎずが、負担が掛かりにくいと思います。

例えば、吉祥寺まで足を実際に運ぶのなら、検索で出てきた物件の中から、直感で構いませんので「実際に見てみたい」と思えるマンションを３部屋くらいピックアップしてください。「これ気になるなぁ……」という程度でも大丈夫。ただ、現場に行っても、実際に部屋の中は見られません。

大家業を営む人が中古のワンルームマンションを購入するのは、「オーナーチェンジ」と呼ばれます。すでに賃貸で住んでいる方がいらっしゃる状態のまま売買が行われるケースのことで、その場合は購入前に部屋の中を見ることはできません。そのため、現地で見られるのは、エントランス周りやポスト周り、外観などです。しかし、見られる所が限られていても、ネットや写真だけでは伝わらない、肌でしか感じられない雰囲気が現地にはあります。そのとき、自分はどう感じたか。その感覚を大切にしてください。

マンションには、そのマンションを作った不動産会社ごとに「●●マンション」と同じ名前を付けることがよくあります。現地確認を続けていくと、「Aマンションは良いなと感じる物件が多いけれど、Bマンションはあまり好きになれない」というような基準みたいなイメージができてきます。

このイメージがあると、営業担当者から物件の紹介を受けたとき、「Aマンション」であれば安心して購入できそうだと、見当を付けられます。あるいは、現地を見なくても購入できる可能性も高まるでしょう。

マンションを見に行くときは、物件だけを見て帰ってくるのではなく、必ず「最寄り駅からそのマンションまで実際に歩いてみる」ことが大切だと私は考えています。駅の周辺はどんな雰囲気なのか。マンションまではどんな道を通ることになるのか。途中にコンビニなどの店はあるのか。安心して夜でも歩けるような街なのか。

物件を見に行くときは、そのマンションまで行く道を歩きながら、街の雰囲気も五感で感じてください。自分の五感で感じ取った街の雰囲気は、のちのち紹介を受けた物件を選ぶときに、大いに役立ちます。街の名前を聞いただけで、「あの街はこんな感じで良かったから大丈夫そうだな」とイメージできるようになり、購入の判断にも迷いが少なくなっていきます。

大家業は、株式のような金融資産への投資と違い、自分の五感を生かせる投資です。しかも、街歩きを楽しむような、趣味の延長線上の感覚が大切となってくるのです。プロではなく、一般人である私たちが持っている感覚を大切にしながら取り組める。それが大家業の良さなのです。

9 融資を受けることの意味を考えよう

マイホームの住宅ローンであれば、「30年」とか「35年」という期間の中で、自分が働いて得た収入の中から返済を続けていくことになります。だから、給与が下がったり転職したりリストラされたりという要因で、返済が難しくなるかもしれないというリスクを抱えることになります。

一方、賃貸収入を得るために買うマンションのローンは、住宅ローンよりも限りなくリスクが低い、と私は考えています。理由は簡単です。部屋を借りてくれる入居者がローンの返済をしてくれることになるからです。理由は他にもあります。それは、資産拡大のための時間を買うことができる、ということです。具体例を挙げながら説明します。

〈例〉

■物件
価格2000万円のマンション
家賃9万円
管理費修繕積立金1万2000円

■ローン
頭金10万円、金利2%、返済期間35年
1990万円を借りて購入
毎月の返済額6万5921円

■お金の流れ
90000円－12000円－65921円＝12079円

これを12カ月にすると14万４９４８円、固定資産税を考慮すると、おおよそ10万円が手取りになります。単純にこれだけで考えると、利回りは１００％です。10万円を投下して1年で10万円を得られるからです（話をシンプルにするために諸費用は除いて考えています）。

計算上だけの話であれば、ここで終わりかと思います。しかし、融資を全額完済して初めて自分の純粋な所有になるので、完済できるタイミングと融資を利用することの関係性の中でもメリットを考える必要があるでしょう。

頭金以外の自分のお金は使わずに、この物件から得た収入を全て繰上返済に回した場合を考えてみましょう。毎年10万円の手取りを全て返済に充てた場合、35年で組んだローンを何年で返し終えるのか。計算すると、約30年かかります。

最初の一年で投下した資金の10万円は回収しているので、良いといえば良いのですが、30年の間、大家としての精神的な安定や経済的なゆとりをあまり感じることはないと思うので、このやり方はお勧めしません。

そこで、必要になる新たな考えが、繰上返済です。より具体的に、繰上返済のメリットを説明しましょう。

イメージをシンプルにつかんでいただきたいので、家賃などの条件を変えない前提で説明します。

もし、毎年100万円の貯蓄を継続できる場合を考えましょう。2000万円の物件を購入するに当たって融資を利用しないならば、2000万円を貯める必要があります。その場合、1戸目を手に入れるのに、いったい何年かかるでしょうか？　答えは20年です。「2000万円÷100万円」で計算できるので分かりやすいと思います。

それではここからが本題です。毎年100万円を繰上返済用に回せるとしたらどうでしょうか。2000万円のマンションを頭金10万円のみで購入し、毎年生まれる手取りの10万円と合わせた110万円を繰上返済していく。いったい何年で完済できるでしょうか？　答えは約12年です。

つまり、同じ努力なのに、完全に自分の所有物になるまでの期間が異なるのです。貯めてから購入する場合は、20年の年月がかかります。一方、頭金10万円、残りをローンで購入したとしても、貯めながら返していくと、約8年早い12年ほどで借金のないマンションを手に入れることができるのです（図表2-9-1❶参照）。

返済が終われば、毎月の手取りは9万円－1万2000＝7万8000円です。1年で固定資産税を加味しても、約90万円は残ることになります。

図表2-9-1

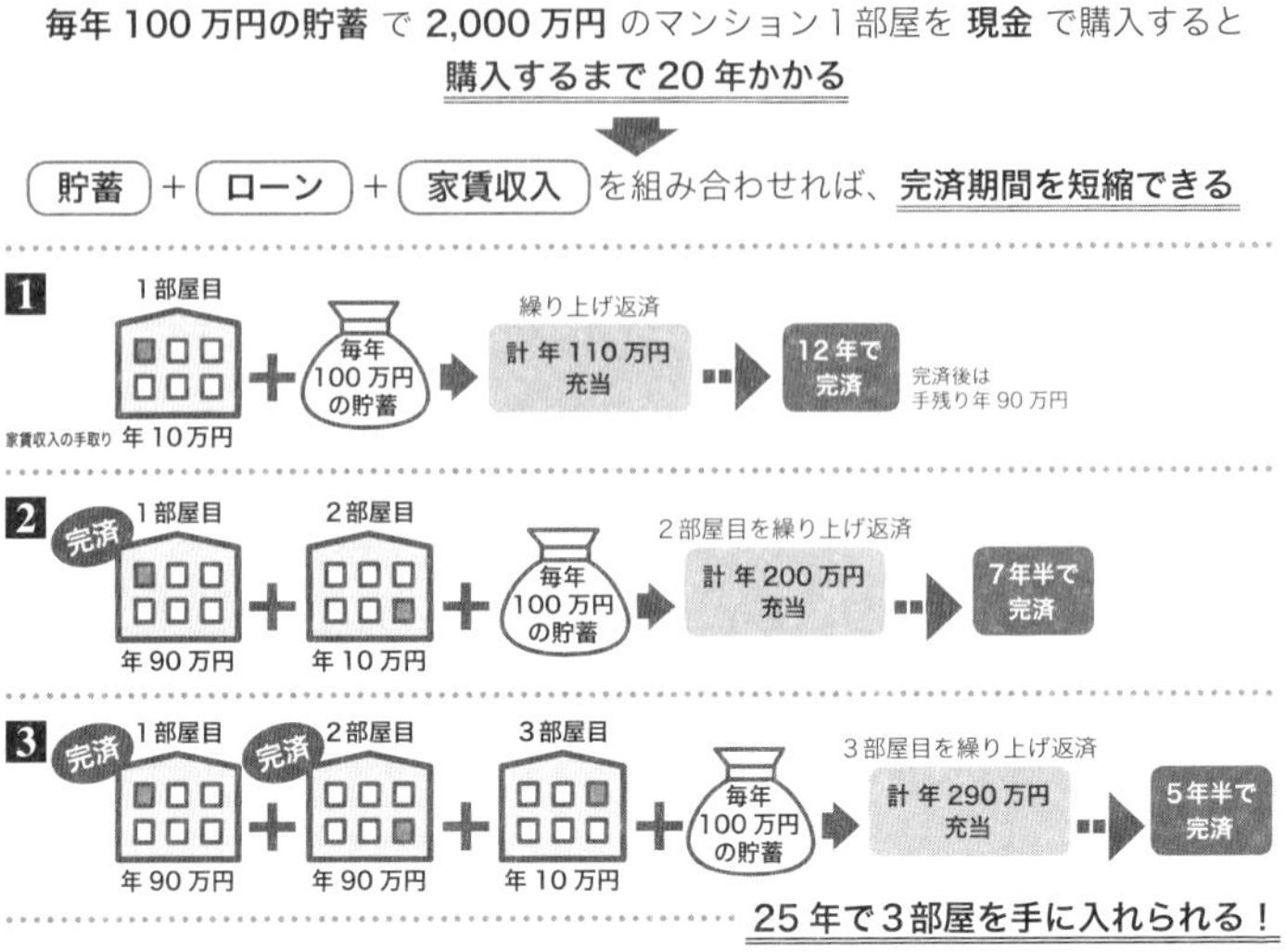

それでは、同じ条件のマンションの部屋をもう一つ、つまり2部屋目を購入した場合は、どうなるでしょうか。1部屋目の手取り90万円と、年間100万円の貯蓄とを合わせて、繰上返済に回します。2部屋目は何年で完済できると思いますか？　答えは約7年半です。

つまり、毎年100万円を貯めて2000万円のマンションを現金で買う場合は、20年で1部屋だけしか保有できないのに、融資と貯蓄を組み合わせながら行うと同じ年数で2部屋を保有できるのです（図表2-9-1❷参照）。

さらに、2部屋の手取り180万円

（90万×2部屋）と年間100万円の貯蓄とを繰上返済に充てて、3部屋目を購入するという場合は、完済まで何年かかるでしょうか？　答えはなんと約5年半です。約25年で、3部屋の借金のないマンションを手に入れることができるのです（図表2－9－1❸参照）。

ただ、実際には、退去があって新たな募集をしなくてはならなかったり、エアコンや給湯器の故障で取り替えたりなど、この通りに話が進むとは限りません。でも、融資を活用することで、資産を手に入れるスピードが速まるのは間違いありません。

資産運用の中でも、融資を活用できる対象は、基本的に日本国内の不動産になります。また会社員であるという立場こそが、融資の利用には大いにプラスに働くということも挙げられます。しかし、過度の借入をすると、自分でコントロールができなくなる恐れがあります。身の丈に合わない買い方だけはしてはいけません。そのことは、強調しておきます。

10　資産運用のメインとして大家業に取り組んでいる私の理由

10年前の私もそうでしたが、1戸目を所有する前までは、分からないことも多く、不安になることも多いと思います。私は、不安と迷いがある中で、自分なりに考えて動いて、

1戸目の物件を購入するという判断を下しましたが、その決め手は、正直なところ「勢い」のようなものでした。「あれこれ悩んで動かないより動いてみないと分からない」と考え、「思い切って大家業の世界に飛び込もう」という決断でした。

私が大家業が素晴らしいと考える理由は、整理すると次の三つになります。

①相場などの外的な要因にかかわらず、安定して毎月の収入が入ってくる

②管理会社へ委託ができ、自分の時間をあまり取られることなく継続できる

③マンションを見たり選んだり考えたりすることが好き

このことに加えて、私は「自分が分かるものしか投資対象には選ばない」という考えも持ってい

ます。だからこそ、区分マンションの大家業を選んだのだと思います。どんな稼業でも、「好き」とか「興味がある」という気持ちにならないと、継続して取り組めないものです。しかも、区分マンション大家としてのメリットをより実感できるようになるには、スタートしてから数年という時間が必要です。

短期的なことに一喜一憂せず、長期的な視点で目標を持って取り組みたいという方には向いていています。また、「好きこそものの上手なれ」という言葉があるように、物件を見たり大家シミュレーションをしてみたりすることに楽しさを感じられてこそ、長期の継続もできてくると思います。不安よりも「楽しそう」「すごく興味が湧いてきた」という気持ちが強い方であれば、継続してうまく大家をやっていける要素は十分にあります。

第2章
コラム

仕事や日常生活へ取り組むときの気持ちの変化

大家業を始めて、私自身が一番大きく変わったなと感じているのが、物事を悲観的に捉えたり不満を感じたりすることが少なくなったことです。ネガティブ思考だった私が、大家業を始めた30歳あたりを境に、少しずつポジティブ思考に変わっていきました。

前向きでポジティブな考え方ができるようになると、大家業や仕事、プライベートで自然と、より楽しいと感じられることを選ぶようになっていきました。興味はあるけれど「どうしたものかな」とクヨクヨと迷うことがあった以前と比べると、フットワークも軽くなったように思います。迷って立ち止まっているくらいなら、動いた後で失敗だったと思える方が幸せではないか、という具合に。

もともと独立心のようなものを内に秘めていた私にとって、このフットワークの軽さは、本来の自分を取り戻したからこそ出てきたのかなと思います。

立ち止まらずに動くことを選ぶ。

すると、新しい何かと出合ったり新たな経験をすることにつながります。さらに自分の可能性や幅が広がる感覚を抱くようになります。自分に関わってくださる人たちへの感謝の思いも強くなりました。

ポジティブ思考とフットワークの軽さと感謝の気持ちの強さ。大家業をスタートして生まれた気持ちのゆとりが、それらを二次的に私にもたらしてくれました。これは、私の生き方において、良い方向への変化であると考えています。

第3章

物件選択で失敗しないポイント

1 立地を見分ける二つのコツ

不動産という言葉が示すように、マンションは「動」かすことが「不」可能です。部屋の中はリフォームをしてより良く改善できても、場所そのものは変えることができません。つまり、「立地」は、どうやっても変更できないのです。

賃貸物件で入居者から選ばれる最大のポイントは、「立地」です。1に立地、2に立地、3、4がなくて5に「立地」と言われるくらい、最も大切にされているポイントです。

大家業をやるからには、立地を見分けるコツをぜひ身に付けたいものです。

駅やエリアの考え方を広げる！

東京で行う私のセミナーなどで、大家を目指す方とお話をする機会があります。そんなとき、「どういう場所が良いと感じますか？」「どういう場所のマンションだったら保有したいと思いますか？」などと、私から質問を投げ掛けると、非常に多くの方から「山手線の内側や山手線の駅近くのマンションが良い」という声を聞きます。

これはもっともな考え方です。東京は人が集まってくる場所なので、賃貸需要がありますし、その東京の中心部に行けば行くほど、賃貸需要も高くなり、入居者が途切れにくくなります。東京の中でも、港区、中央区、千代田区は都心3区と言われ、特に人気の高い場所です。

私の言葉で言えば、その3区は「マンション力」がピカイチです。もちろん、その都心3区にあるマンションならばどれでも良いというわけではありませんが、マンション力の高い物件に当たる確率が高いということです。

しかし、「人気が高い＝欲しい人が多い＝購入するのに競争率が高い」ということになるので、なかなか手に入りにくく、結果的に「欲しい人が多い＝価格が上がる」という傾向になります。

そのような資産性が高いマンションを、最初の1戸目として持つのも良いと思います。しかし、価格面で手が届きにくいという方がいらっしゃるのも事実です。また、家賃収入が入ってくるマンションなので、手放そうとする方も少なく、巡り合える確率は低くなりがちです。

そこで、私は「もう少し視野を広げて見てみましょう」と提案します。山手線というキーワードだけにこだわる必要はありません。

私が賃貸管理を依頼している新宿の会社は、２０１７年9月時点で約1万８０００部屋の管理を受けていますが、扱う部屋は都心３区だけに限りません。東京23区の他の区の部屋も管理していますし、東京に限らず、神奈川県の川崎市や横浜市も部屋の状態や場所を踏まえて管理しています。なんとその賃貸管理会社は、入居率は98％以上をキープしています。

私の場合、１００部屋あっても空きが2部屋あるかないかという状態を維持しているわけです。

私の場合、１０部屋保有している中で、都心３区にある部屋は本当に一つしかありません。それでも、この10年の大家業で2カ月以上の空室が続いた部屋は本当にないのです。

賃貸管理会社の入居者探しの強さという点が大きいのですが、賃貸管理会社が入居者を探しやすいというマンションを選んだ点もとても大きいと考えています。なので、最近私は、次のようなスタンスを取っています。

購入する前に賃貸管理会社に賃貸管理の可否を問い合わせる。

例えば、「この部屋を購入しようと考えているのだけれど、賃貸管理は受けてくれますか？」という質問をして、「大丈夫です」という回答を得られたものでなければ購入しないのです。

図表3－1－1

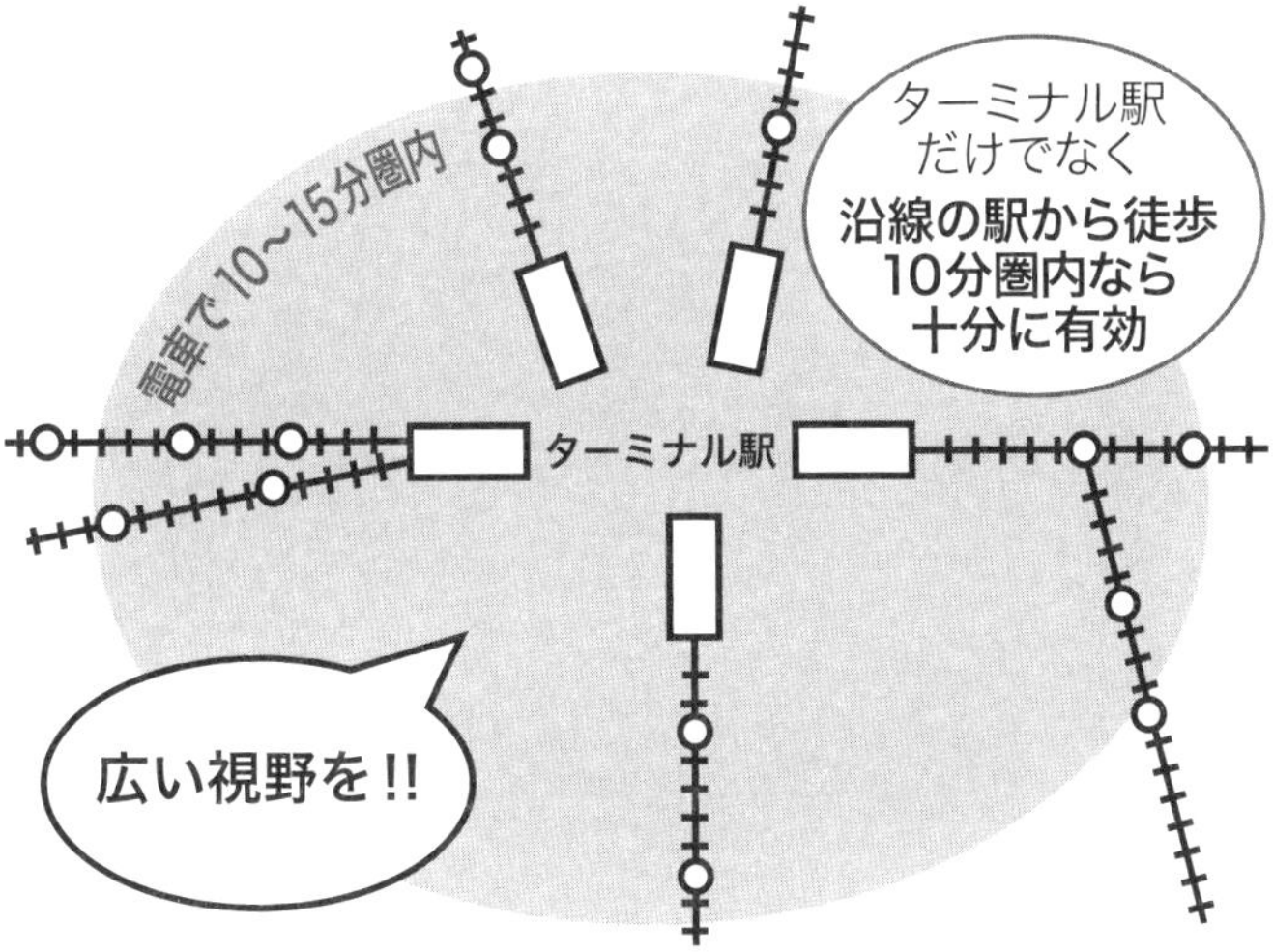
ターミナル駅
だけでなく
沿線の駅から徒歩
10分圏内なら
十分に有効
電車で10～15分圏内
ターミナル駅
広い視野を!!

駅やエリアについては、視野を広げることが可能だと考えます。東京であれば、山手線のターミナル駅まで乗り換えなしで出られる沿線です。

ターミナル駅というのは、複数の路線が乗り入れている駅という捉え方が分かりやすいかもしれません。東京であれば、具体的に言うと、品川駅、渋谷駅、新宿駅、池袋駅、上野駅、秋葉原駅、東京駅です。その駅そのものが会社などの目的地であったり、その駅で1回乗り換えれば目的地に着けるような駅をターミナル駅と考えています。

このターミナル駅まで、電車で15～20

分くらいで着ける所までは需要がある。

そう私は経験的に考えています。例えば、品川駅であれば京浜急行線や京浜東北線、渋谷駅であれば田園都市線や東急東横線で、15～20分に位置する駅です。都心に近い方が良いに越したことはありませんが、それくらい離れても賃貸需要が見込みやすく、都心3区と比べれば価格も抑えられたマンションもあります。

このように視野を広げれば、大家サービスを提供できる部屋の選択肢も広がります。

ヒントは女性情報誌にあり！

書店に足を運ぶと、グルメ雑誌やファッション雑誌など、いろいろな女性向け情報誌が置いてあります。これらの雑誌で組まれる「特集」に注目してください。街の名前がよく出てきます。中でも、東京の例ばかりになってしまうのですが、「自由が丘」「下北沢」「代官山」は頻繁に取り上げられます。その理由は、何でしょうか？　答えは、その街に「魅力」があるからです。

魅力がある街には、楽しそうだと感じて多くの人が集まってきます。情報誌の特集を見れば、人が集まってくる所がどこなのか見えてくるのです。

人が集まる街は、「そこに住んでみたいなぁ」という憧れの対象にもなりやすい街でもあります。住まいを探している人は、自分が良いイメージを持っている街に住みたいと思うのは当然です。

「住んでみたい街ランキング」という番付も定期的に発表されています。このランキングに入ってくる街は、「住んだらおしゃれだろうな」とか「この街で暮らしたら楽しそうだな」というイメージが強いほど、上位にランクされることが多いのです。

であれば、大家である私たちは、住まい探しで検索されやすい、人気や憧れの強い街にマンションを持てば良いと思いませんか？　そうすれば賃貸需要も高く、入居も途切れにくいはずです。

ただ、先ほどの都心3区と同じように、人気や憧れの強い街は購入希望者が多く、売りたいと考える人が少ないという傾向があります。良い物件に出合える確率は低くなります。

この問題についても、やはり視野を広げることが大切です。

どちらかというと女性の方に多いのですが、よく「自由が丘でなくちゃ嫌だ」などと場所に対する強いこだわりを見せる人がいらっしゃいます。街のイメージを重視するお考えは分かりますが、競争が激しいエリアに絞り過ぎると、肝心のマンションをなかなか購入できないという事態にもつながりかねません。

そこで私がお勧めするのは、雑誌の特集が組まれている街をドーナツの穴に見立てるという視点です。例えば、自由が丘を例に挙げると、自由が丘駅だけに目を向けていると、良いマンションとの出合いは少なくなります。自由が丘の駅をドーナツの中心に考えて、その周辺の駅に目を向けていくのです。

自由が丘駅は、東急東横線と東急大井町線が交わる駅です。ドーナツの穴の部分を自由が丘駅に見立てれば、その周辺には都立大学駅、学芸大学駅、新丸子駅、武蔵小杉駅、九品仏駅、大岡山駅など、自由が丘よりは知名度が低くても、住みやすくて利便性が良い駅や街が見えてきます。ここで挙げた駅も人気の高いスポットになりますが、エリアを広げれば選択肢も広がってきます。

それと、女性に気に入ってもらえる可能性が高い街というのは、賃貸需要も高くなる傾向があるということもポイントです。ぜひ押さえておいてください。

2 物件を探すときに注意する七つのポイント

視野を広げたエリアの中で、良い物件を見つけるには、どういう点に気を付ければいいのか。もし良さそうな物件が出てきたら、そのときはどうすればいいのか。

その部屋は何階にあるのか？

区分マンションの大家の場合は、所有する部屋の階数を選ぶことができます。この点でよく言われるのが、「1階は良くないから2階以上の部屋を選んだ方が良い」ということです。

私も基本的にはこの考え方に賛成です。セキュリティがしっかり整っているマンションは増えてきていますが、気持ちの面で1階では防犯上の不安を入居者が感じてしまうと考えられます。特に女性の入居者の方は、この気持ちが強いのではないかと思います。

大家業は、入居者に選ばれてこそ成り立ちます。部屋は、基本的に2階以上を選んだ方が選ばれる確率は高まります。私が保有している部屋も、全て2階以上です。

ただ、最近は、不人気と言われる1階でも、「誰をターゲットにするか」で有効な選択肢になり得るかもしれないと考えるようになっています。入ってくる賃料は、2階以上の部屋よりも少なくなるかもしれませんが、購入する金額も上層階より低く抑えられるので、入居希望者のニーズとマッチするのであれば、良い部屋になり得る可能性はあります。

例えば、入居者のターゲットとして「年配の方」を想定することは可能でしょう。体力は、高齢になるにつれて低下するものです。道路からマンションに入りエントランスを通ってすぐに1階の自分の部屋まで、段差が一つもなく平らな場所だけを歩いていけたら、体への負担が少ないのではないかと思うのです。

車椅子での移動が必要な方だとしたら、この1階の部屋をどう見るでしょうか。エレベーターで上層階の部屋に行くこともできますが、道路からそのままフラットに部屋まで行ければ、ストレスなく部屋の出入りができて、良いのではないでしょうか？

この高齢化社会で、年配の方が今後ますます増えることを考えると、このようなニーズも出てくるのではないかと思います。

部屋の階数は、物件選びの際にとても重要なポイントにはなります。しかし、それ以上に、「この部屋であればどんな方が選んで入居してくれそうか？」という視点を自分なりに大切にすることです。

洗濯機置場はどこにある？

区分マンションをいろいろ見ていくと分かってくると思いますが、２０００年より前に建てられたマンションでは、洗濯機置場がない部屋や、あってもバルコニーという部屋が意外とたくさんあります。

築年数が古めのマンションの場合、居住スペースを広くするために、そうしたと思われます。また、神奈川県の横浜市などでは以前、マンションには一定数の事務所部分を設けなくてはいけないという決まりがあったことなども、要因として考えられます。この場合、1階にコインランドリーが設置されているケースが多く見られます。

私は、コインランドリーが近くにあっても、室内に洗濯機置場がない部屋を選ぶのは良くないと考えています。バルコニーの洗濯機置場もダメです。「室内洗濯機置場あり」という条件を、私は譲りません。

これも、ターゲットをどうするかという話と絡みます。私はこれまで、大家として「女性に選んでいただける部屋かどうか」という点を意識して購入する部屋を選んできました。当初から一貫しています。女性に選ばれる部屋であれば男性にも選ばれますが、女性から敬遠される部屋は約半分の入居候補者を失わせます。

一人暮らしの女性にとって、洗濯物を持って部屋から出て、誰かに見られているかもしれないバルコニーで洗濯をするという行為は、気が引けるのではないかと思うのです。この点を意識すると、室内に洗濯機置場がある部屋を選ぶことは、必須に近いのではないかと考えています。

ただ、ターゲットにしたい入居者を事務所利用者に設定する場合は、この限りではありません。

バス・トイレ別は必須ではない！

築年数の浅いマンションであれば、基本的にバスとトイレは別になっています。実際に、その方が入居者に選ばれやすい傾向はあると思います。

ただ、この「バス・トイレ別」が必ず必要な条件なのかといえば、私の経験上、その方がベターだけど必須ではないというのが実感です。私が保有している10部屋でも、半分はバス・トイレが一緒のタイプです。購入したときから別れていた部屋は3部屋のみで、2部屋は入居者が退去されたタイミングでバス・トイレを分ける工事をしました。

２０１６年5月に株式会社リクルート住まいカンパニーが発行した『第7回首都圏賃貸住宅市場における入居者ニーズと意識調査２０１５〜２０１６年』には、「部屋探しの重視条件」や「入居物件決定の際の決め手・諦めた項目」というものが掲載されていて、とても参考になります。

重視条件や決め手の内容はだいたい重なっていて、上位を挙げると「家賃」「路線・駅やエリア」「最寄り駅からの時間」「間取り」が挙げられています。また、諦めた項目の上位には、「築年数」「面積」「初期費用」が挙げられています。

では、ここから何が言えるのか？

入居者が求める優先順位で最重視しているのは「払える家賃と通勤や通学にかかる時間」です。これは当然と言えばそうですが、入居希望者は賃貸物件を探すときに、まず毎月無理なく継続して払える家賃の中で、通勤や通学などの目的に合う利便性の良い部屋はないかと探し始め、その中で設備面などが良ければそちらを選ぶということです。

裏を返して言うと、払える家賃と利便性のバランスを考えていく中で、設備面に関しては目をつむることが多いということです。だからこそ、立地の良い、人気の高いエリアであれば、設備が最新のものではなくても、選ばれる可能性は高いと言えます。これが、バス・トイレ別であれば良いけれど、必ずしも必須ではないと考える理由です。

ただ、入居者の立場になって考えれば、バス・トイレ別の方が心地よいはずです。選ばれやすい部屋、大家として継続していくためにも、できる範囲でタイミングを見ながらバス・トイレ別の部屋にしていく配慮も大切だと私は考えます。

部屋の広さはどのくらいが良い？

このように問い掛けられたら、マンションの立地や入居者のターゲットによって変わる部分もありますが、私は「20㎡以上が良い」と答えるようにしています。その理由は、入居希望者がインターネットで部屋探しをするときに、部屋の広さで条件検索をかけると「20㎡以上」が最低ラインとして出てくることが多いからです。

大手不動産情報検索サイトでも、借りる方の条件検索を見ると、面積のところでは「指定なし」の次が「20㎡以上」になっています。そのため、もし検索で指定なし以外を選ばれてしまうと、どんなに駅から近くても、立地が良くても、見てもらえない可能性が出てきてしまうのです。

この検索機能があることを踏まえて、大家としては20㎡以上の部屋を選ぶべきでしょう。また、居住性という面を見ても、20㎡未満だと部屋によっては狭さや圧迫感を抱かれる方もいらっしゃいます。この観点からも、20㎡以上は重要キーワードとなります。大家業を始める方は、この広さを一つの基準として、押さえていただければと思います。

ただ、だからといって20㎡未満が悪いわけではありません。部屋が狭い分だけ賃料が抑えられるので、「利便性が良いので住みたい」と考えていただける人もいらっしゃいます。部屋をいろいろな場所に分散して所有できることも区分マンション大家の楽しさの一つだと私は考えています。部屋ごとに入居希望者のニーズを考えて物件を選ぶのも、大家業の醍醐味《だいごみ》です。

管理費・修繕積立金は高くても安くてもＮＧ！

大家にとって大切なのは、管理費よりも修繕積立金ですが、管理費も大切です。この費用があるから、私たちに代わって建物管理会社がメンテナンスなどの計画を立て、行ってくれるのです。管理費と修繕積立金は、家賃とのバランスが大切だと思います。

では、このバランスはどのくらいが良いのでしょうか？

私は管理費と修繕積立金の合計額が、毎月の家賃の25％以下に収まるくらいが適正な金額ではないかなと考えています。それを上回ってしまうと、表面利回りと実質利回りの差が大きくなってきます。また、融資の返済があると、大家の手取りが限りなく少なくなる可能性が高いからです。

しかし、反対に少な過ぎるのも問題です。将来の大規模修繕工事の際に、必要なお金が足りないということにもなりかねないからです。これは新築などの築の浅いマンションに見られる傾向があるのですが、不動産投資家向けに作られたマンションは、数字の上での利回りを少しでも良く見せようとして、修繕積立金を１０００円や２０００円などと低めにしていることがあるのです。

例えばマンション全体の部屋数が40部屋だったらどうでしょうか？　２０００円だとしたら１カ月８万円（２０００×40）、１年間でも96万円しか貯まらず、15年で見たとしても１４４０万円しか貯まりません。これでは、建物全体の充分なメンテナンスができず、マンション力の低下は著しいでしょう。このような物件は、おそらく大規模修繕工事を実施するタイミングで、一時金を徴収されるか、修繕積立金の大幅な値上げが実施されることが予想されます。

このことまで考えた上で（将来的に上がる可能性があることを前提にして）、あえてその物件を選ぶのであれば良いのですが、目先の数字の良さに目を奪われてしまって購入してしまい、値上がりした時点で収支が逼迫するようであれば本末転倒です。管理費・修繕積立金は高過ぎても安過ぎてもダメなのです。

国土交通省が示しているガイドラインがあります。マンション全体の部屋数や広さなどによる違いはありますが、平均的な修繕積立金は15階未満・5000㎡未満で「218円/㎡」と示しています。これに沿えば、先の例のマンションの部屋が仮に20㎡だとすれば、「218×20＝4360円」が適正になるわけで、2000円は低いことが分かります。

私の経験も加味すると、一つの目安として15年で「3000万～5000万円」の修繕積立金が貯まるマンションであれば、安心できるのではないかと考えています。先の例の40部屋あるマンションなら、1年間で「4360×40＝174400円/月×12＝2092800円」となり、これを15倍すると「3139万2000円」となります。このくらいであれば「合格点」と考えられます。

総戸数はどのくらいあるのが良いの？

マンションの総戸数に関しては、多い方が1部屋当たりの管理費と修繕積立金の負担が抑えられます。従って、私は「マンション力の維持」という観点から、マンションは大規模に越したことはないと考えております。

ただ、総戸数が多ければそれで良いかというと、そうとも言い切れない面もあります。区分マンション大家業のデメリットにもなるのですが、マンション全体に関わることで、自分がいくら強く「こうした方が良い」と思ったとしても、その他大勢の方に反対されてしまえば、その考えが実現されることはありません。

言ってみれば多数決の仕組みが、マンション全体の意思決定に導入されているのです。例えば、建物管理会社が良い計画を立てたとしても、各部屋の所有者の総意で反対票が多ければ実現されません。

この点を踏まえると、大規模なマンションになればなるほど、この合意形成が難しくなっていきます。全員が「ＯＫ」というのは難しいですが、審議の内容によって「5分の4以上の賛成」とか「3分の2以上の賛成」などと決まっていたりするので、必ずしも合意形成ができないというわけではありません。けれど、1人の意見が相対的に小さくなっていきます。


私は、50部屋以上のマンションで、多くても１２０〜１３０部屋前後のマンションが、規模的にはちょうど良いサイズだと考えております。さらに言うと、ワンルームの区分所有だけのマンションより、２ＬＤＫなどのディンクス（DINKs：意識的に子どもを持たない共働き夫婦）やファミリータイプのような部屋も混在しているようなマンションの方がベターだと考えています。

さまざまなタイプの部屋があるマンションであれば、50部屋を下回っても良いと考えています。理由としては、ファミリーやディンクスの方は、そこにマイホームとして住んでいることも多く、「所有者＝入居者」の方が多ければ、管理人以外にもマンションのエントランスなどに目を光らせる方が存在しているので、結果的に治安が良くなり、トラブルも少なくなります。

所有者が入居しているマンションは、建物全体の管理が良好に保たれているケースが多いと、経験上感じています。

反対に小規模な30部屋くらいのマンションの場合、1部屋当たりの管理費や修繕積立金の負担額は若干多いかもしれませんが、合意形成が少人数なのでしやすいという利点があると思います。このあたりは、皆さまのお考えやお気持ちによって見方が変わるので、正解はありません。

ただ、20部屋未満の物件はできる限り避けた方が良いということだけは、しっかりお伝えしておきます。理由は、融資が下りにくいからです。金融機関によって、融資の対象となる物件の基準を決めていますが、「20部屋未満はＮＧ」としている金融機関は多いと感じています。

おそらく、将来的に建物全体の維持管理やマンション力の維持という点で、リスクが高いと判断されていると思われます。小規模マンションは、部屋数が少ないので、その分修繕積立金が貯まりにくいというデメリットがあります。あるいは、1部屋当たりの所有者の修繕積立金の負担が重くなると返済が滞る確率が高まるかもしれないという点を懸念しているのではないかと、私は考えています。

駅から部屋までの距離はどれくらいなら選ばれる?

最後は、最寄り駅からの距離についての考え方を説明します。

入居希望者は、賃貸物件を選ぶとき、「最寄り駅からの距離」を重視することが分かっています。では、この最寄り駅からの距離は、どのくらいなら選ばれやすいのでしょうか?

答えから言うと、「徒歩10分以内」が大切なポイントになる。

私はそう考えています。賃料を払って住んでいただける入居者には、賃料を払うことで時間と利便性を買っていただいているのです。だから、「徒歩5分以内」など、駅から近いに越したことはないのです。

ただ、駅に近過ぎても夜寝るときに街の音などが気になって落ち着かないという方もいらっしゃいます。平均して考えると、「徒歩10分以内」がポイントになってくると思われます。また、賃貸物件サイトの条件検索の面から見ても、「徒歩10分以内」の条件にしている方が多いようです。

では、この「徒歩10分」というのは、距離にするとどのくらいになるのでしょうか？　不動産の広告に書かれている「徒歩●分」というのは、1分＝80ｍで考えられています。徒歩10分なら800ｍです。

注意したいのは、不動産広告の「徒歩●分」と自分の感覚の「徒歩●分」がズレてしまうことがよくあるということです。つい、行ったことのない場所の「徒歩●分」でも、自分がどこかで経験したことのある「ある目的地までの●分」をイメージしてしまうので、実際に歩くと「あれ？」と思ったりします。

だから、できるだけ現地に足を運んで、自分の足で「徒歩●分」か、また体感として「何分くらい」かを感じることが大切です。「徒歩10分」と記載があっても、平坦な道の10分と坂道がある場所の10分では、感覚的にかなり違います。また、マンションまでの通り道が、商店街のような明るい場所の場合と、住宅街の中を歩くだけの場合とでは、これも感覚的に距離感が違ってくると思います。自分の五感を使って、実感として「徒歩●分」

なのかを知った上で、その物件を購入するかどうかを選んでいただきたいと思います。

実体験のない仮説の話にはなるのですが、今後は「駅徒歩10分以上」でも良い物件の選択肢が広がると私は考えています。そのポイントになるのが「バス」です。

東京23区のように、バスの路線網が充実しているエリアだけが対象になってしまうのですが、マンションのエントランスの目の前やすぐそばにバス停があり、ターミナル駅まで

バスで出られる立地であれば、最寄り駅から徒歩15分でも、物件の選択肢として良いのかもしれません。

仕事をリタイアされた方など、時間にゆとりのある方であれば、「徒歩10分」よりも、バスから降りたらそこはマンションの入り口だったという方が、体への負担は軽いと思います。

例として東急東横線の渋谷駅を挙げましょう。この駅は、副都心線との直通運転によって、利便性が良くなった反面、ホームが地下深くに設置されてし

まったので、ホームに降りてから外に出るまでの時間がより長くかかるようになりました。もしバスで渋谷まで行けるのであれば、地上に到着するので、その後の乗り換えもスムーズです。また、朝の通勤時間帯は電車並みの感覚で運行されています。

物件を選ぶときは、最寄り駅から「徒歩10分以内」という条件を基本にしていただきたいと思いますが、10分を超えても「バス」というキーワードがマッチするマンションであれば、私は選択肢に入れても良いと考えます。

3 エントランスはマンションの顔である

マンションを現地で見学するときのポイントはいくつかありますが、中でも特に強調させていただきたいのが「エントランス」です。

皆さまが、自分の住む部屋を探しているところをイメージしてください。不動産会社の営業担当者に案内されて部屋を見に行ったとき、マンションの中で最初に目にする場所はどこですか？

人間は初めて会った人の印象を3～5秒で決めると言われています。「メラビアンの法則」と呼ばれるものです。心理学の実験をしたら、話している相手の印象を決める要因は、

図表3－3－1　メラビアンの法則

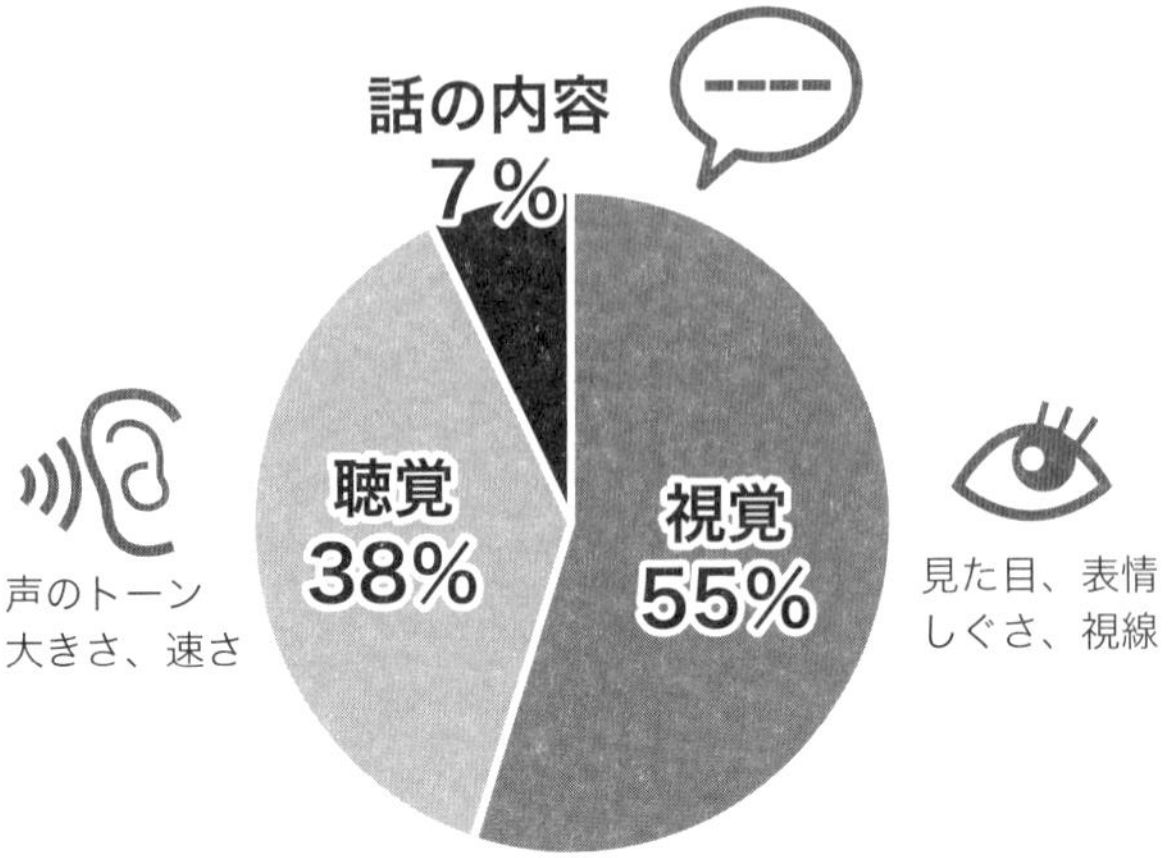

話す内容が7％で、93％はそれ以外の「顔の表情、目線」「態度、体型」「声の大きさ、トーン」「服装、髪型」といった見た目や雰囲気だったという結果が出たのです。これはマンションとの出合いにも当てはまると私は考えています。

もしかしたら、入居を希望する方がその部屋を気に入るかどうかは、部屋の中を案内される前にある程度は決まっているのかもしれません。最初の3～5秒で印象が決まるというのであれば、エントランスは重要なポイントです。エントランスはマンションの顔であり、初対面の入居希望者の印象に強く訴える場所になる、と私は思うのです。

エントランスは共用部分になるので、部屋

の所有者が支払う管理費・修繕積立金を利用しながら、建物管理会社が中心となって維持メンテナンスを行ってくれる場所になります。そのエントランスを見れば、建物管理会社がどのくらいそのマンションの維持管理に力を入れているかが分かります。また、どのような方々が住まれているのか、その雰囲気のようなものも感じられると私は考えています。

エントランスで必ずチェックしたいポイントは、清掃が行き届いているのかどうか、ポスト周りにチラシが散乱していないかどうか、チラシや郵便物が飛び出しているようなポストの部屋がないかどうかといったあたりになります。

エントランス以外では、可能であればゴミ捨て場の状態（分別せずに捨てられていたりゴミが散乱したりしていないか）や、外に植木などの植栽があればその剪定状態（植物が整って育っているか）、非常階段の状態（さびていたり塗装がはがれたりしていないか）という点もチェックポイントとして挙げられます。

ただ、何よりもまずは「エントランスに入ったときに感じる第一印象」、それを大切にしてください。皆さまが感じる印象・直感みたいなものは、きっと入居希望で見に来られる方も同じように感じる可能性が高いからです。

五感を大切に！

第1章
第2章
第3章
第4章
第5章

4 良い物件選択ができる不動産会社・営業担当者との付き合い方

大家業にとって、所有する部屋を選ぶという行為は、自分の代わりに働いてくれる人を雇い入れるようなイメージです。とても大切な存在です。

部下を持つ立場にいらっしゃる方であればうなずいていただけるかと思いますが、いくら人柄が良くても、仕事を任せたら失敗ばかりで、しかも改善する気持ちがないような方を部下に持ったら大変です。反対に、仕事はできても周囲とうまくコミュニケーションが取れないような性格では困ってしまいます。マンションの部屋を所有することも、まさにこれと同じ感覚で捉えてください。

マンションの人柄（過去・現在を踏まえてこれからも良好な物件・部屋であり続けてくれそうか）に当たる部分が物件に備わっているかどうかを見極めるための方法があります。ポイントになるのは、不動産会社の営業担当者です。

❶今の所有者が売りたい事情を聞き出す

皆さまが大家としてスタートする場合、新築物件を購入するのでなければ、中古を購入することになります。中古物件の場合は、すでに所有されている方がいます。その方が何らかの事情で売却してくださることで、私たちはその物件を購入することができます。

オーナーチェンジの部屋であるということは、現時点で家賃収入が入ってきている状態です。現オーナーは、その状態を目指して所有されたはずであり、それを手放すというのは、やはり何かしらの理由があるからと考えるべきです。

売却の決断の背景には、いろいろなことがあります。私の経験では、「資産整理」という回答が一番多くありました。さらに聞いていくと、主に三つのケースに分けられます。

一つ目は、「特別に資金が必要というわけではないが、この値段で買ってくれる希望の方がいるなら売っても良い」という売却に消極的なケース。この場合は、価格の交渉をしても応じてくれることはほとんどないので、広告に出ている金額で納得できるなら選んでも良いと思います。

二つ目は、「築年数が古くなってきたので売却し、そのお金で築年数の新しいものを購入したい」という資産入れ替えのケース。この場合は、次に購入したい物件に気持ちが傾いていることが多いので、一つ目のケースよりは売却に前向きです。しかし、現状に不満を感じているわけではないので、価格の交渉にはあまり応じていただけない可能性が高いです。一つ目と二つ目のケースは、主導権が売り主側にあるパターンです。

三つ目は、「年齢も高くなってきて、家賃の管理や確定申告が面倒になってきたので手放したい」という、本当の意味での資産整理のケース。このケースは、手放したい気持ちが強いので、どちらかと言えば購入希望者である私たちに主導権があり、広告に掲載されている価格から乖離《かいり》しなければ、値下げの交渉にも応じてくれやすいパターンが多いです。

このような事情は、営業担当者と信頼関係ができていると、そこから得られるようになります。だから、そのような信頼関係を営業担当者と築けたら、突っ込んで聞いてみることをお勧めします。

その他の理由に、「親や配偶者から相続して譲り受けたのだけれど、自分にはメリットを感じないし所有していると負担なので手放したい」とか、「本当は売りたくはないのだけれど、経営している会社の資金繰りが悪く、その資金を捻出したいから早く現金化したい」とか、「自分自身のお金のやりくりがうまくいかず、所有する部屋の固定資産税や管理費・修繕積立金なども滞納するようになってしまったので売るしかない」というようなものもあります。

後ろの理由になればなるほど、購入側が有利になるケースが多いパターンなのです。特に、最後の三つ（相続、資金繰りの悪化、税金などの滞納）のようなケースは、手放す意識が限りなく高く、手放せないと生活そのものに支障を来しかねないという状態です。好条件の部屋を割安な値段で手に入れられる可能性が高いでしょう。これらのケースに巡り合える機会はそれほど多くはありませんが、もし出合えたら、あなたは幸運の持ち主です。

❷最新の登記簿謄本で売り主の状態を確認

売却したい理由と並行して確認したいのが「謄本」です。謄本とは、簡単に言えば、不動産の履歴書のようなものです。公的な書類で、「いつAさんが買って、次にBさんが買って（Aさんが手放して）、Bさんは部屋を買うときに2000万円ローンを組んで……」というように、これまでの所有者の履歴が一覧で見られます。

登記簿謄本を確認する理由は二つあります。

一つ目は、営業担当者から聞いた「売りたい人」が物件の所有者と同じかどうかを確認するため。

二つ目は、こちらの方が重要ですが、営業担当者から聞いた「売りたい事情」が謄本と合っているかどうかを確認するためです。

もし営業担当者から、「売り主は、相続で取得したけれど負担に感じるから手放したいと思っている」という話を聞いたとき、登記簿謄本を見れば本当に今の所有者が相続で取得したのかどうかを確認できます。

また、「売り主はお金に困っている」という話があった場合も、登記簿謄本を見れば、最初にいくら借りたか（利息は何％だったかが記載されていることもある）など、ローンに関わることも記載されています。この情報を踏まえて計算すると、この不動産ではどのような収支になっているのか、現在のローンの残高がいくらなのかも分かってくるので、最低の売却ラインも見えてきます。「これ以上でないと売却できないだろう」という予測ができるので、自分が買いたい価格の希望との折り合いも付けやすくなります。

税金の滞納という話に関しても、もしその部屋が差し押さえられていれば、そのことが登記簿謄本に役所の名前で記載されています。税金の支払いが滞って、その支払いがどうしても無理となると、最終的にその不動産は「競売」にかけられます。その手続きで得られたお金を、未回収の人たちの間で分配するのです。

ただ、この競売になると売れる金額も低めになってしまうので、実際は、任意売却という方法で、少しでも早く全額に近い金額が回収できるように売却手続きを進めるケースが多くあります。この場合、早く売れることが大切なので、比較的低めの価格で売り出されることが多く、そんな物件にタイミング良く出合えたときは、購入の絶好のタイミングになります。

登記簿謄本には過去の履歴、現在の状態が記されています。今売却したいと考えて売りに出している方がどういう状況なのかを知る一つの客観的な資料になるのです。

❸マンションの過去が分かる重要事項調査報告書がキモ

所有者の履歴を見るのが登記簿謄本だとすれば、マンション全体の管理状態の履歴や現状を確認するのが「重要事項調査報告書」です。この書類は、不動産会社から建物管理会社に依頼してもらって取得します。区分マンションの大家になるのであれば「これを見ないで買うのは絶対にNG!!」と言い切ってもいいくらい大切な書類です。

どのタイミングで見せてもらえるかは、営業担当者の裁量や会社の考え方次第という部分もありますが、どんなに遅くてもこれを事前に見ないで契約をすることだけは、絶対にしてはいけません。

この報告書の中で注目したいポイントは、「修繕積立金の残高」「建物全体での滞納状

図表3－4－1　重要事項調査報告書

重要事項調査報告書（抜粋）

管理に係る重要事項調査報告書

物件名等	（区分所有建物の数　1棟）		
管理組合名称			
物件所在地	▲▲区	対象住戸	号室

1　共用部分及び専有部分に関する規約等の定め

共有部分	詳細は、管理規約、使用規則等を参照して下さい。
専用部分使用用途及び利用制限	[1] 住宅専用　2　住宅以外も可 ※詳細は、管理規約、使用規則等を参照して下さい。

2　共用部分関係

駐車区画数	敷地内	平面自走式 3 台、機械式　台
	敷地外	平面自走式　台、立体自走式　台、機械式　台
駐車場使用資格		居住者または外部者
駐車場権利継承可否		1　可能　[2] 不可
車種制限の内容		普通自動車
駐車場使用料		月額18,000円、敷金2ヶ月分
駐車場使用料の帰属先		管理組合　管理費会計
駐車場使用可否		[1] 可能　2　不可
駐車場空き待ち数		概ね 0 名（平成29年11月現在）
		翌月分を当月28日までに払い込むものとする。 現在No.1空き　募集中
自転車置場使用料金有無		[1] 有料（500円）　2　無料
自転車置場使用可否		[1] 使用可　2　使用不可
		※1年目は、翌年3月分まで一括払い（初月無料） 2年目以降、1年分を1回払い
バイク置場使用料金有無		1　有料（　円）　2　無料
バイク置場使用可否		1　使用可　2　不可
		※設定なし

管理費・修繕積立金の滞納状況

4　管理組合経理関係（平成26年3月現在）

管理費会計次期繰越金額	1,580,561円	（内、滞納総額　962,300円）
修繕積立金会計次期繰越金額	△2,593,065円	（内、滞納総額　358,360円）
借入金	9,081,812円	（借入先：　）

管理費等の値上予定等

管理費	1　値上予定有（平成　年　月から）　[2] 値上予定無
修繕積立金	1　値上予定有（平成　年　月から）　[2] 値上予定無
修繕一時金	1　値上予定有（平成　年　月から）　2　値上予定無
駐車場使用料	1　値上予定有（平成　年　月から）　[2] 値上予定無
専用庭使用料	1　値上予定有（平成　年　月から）　2　値上予定無
ルーフバルコニー使用量	1　値上予定有（平成　年　月から）　[2] 値上予定無
トランクルーム使用料	1　値上予定有（平成　年　月から）　2　値上予定無
その他	1　値上予定有（平成　年　月から）　2　値上予定無

＊　管理費等の値上又は一時徴収の予定は、弊社が把握している範囲といたします。
＊　修繕積立金に関する規約等の定め詳細は、管理規約を参照して下さい。
＊　長期修繕計画等に基づく将来的な検討の有無は含みません。

修繕工事の実施状況

7　共用部分等の修繕実施関係

長期修繕計画の有無	[1] 有　2　無
共用部分等の修繕実施状況	連結送水管等鉄部塗装工事　平成15年　8月実施 ＊以後の修繕工事につきましては別紙を参照して下さい。

※当修繕は管理組合が一定年数経過毎に計画的に行う大規模修繕工事をいい、弊社の情報提供可能な範囲といたします。

※売却依頼主の専有部分の修繕実施状況は、売却依頼主にご確認下さい。

大規模修繕工事実施予定（平成26年11月現在）

修繕工事　1　実施予定有（　年　月予定）、[2] 実施予定無
修繕工事　1　実施予定有（　年　月予定）、2　実施予定無

※大規模修繕工事実施予定は、弊社の情報提供可能な範囲といたします。

況」「過去の修繕履歴」です。例えば、修繕積立金の残高は、多いに越したことはありません。ただ、少なめに感じたとしても、修繕履歴にフルメンテナンスの大規模修繕工事が直近で行われた記載があれば、少ない理由が明瞭なので安心できます。また、滞納金額が、多いようであれば、他の部屋を所有する方々がマンション力の維持に対して意識が低い傾向があるので、要注意です。

　この調査報告書は、このようにポイントを見ることも大切なのですが、全体を見ておくことも重要です。過去の履歴から「マンション力の維持にどれくらいの力を注いでいるのか」という

視点で確認するのです。購入に当たっての判断材料になります。この書類は、購入の決断に大きく影響してくる書類でもあるのです。

なかなか見ない書類だとは思いますが、分からなければ分からないと営業担当者に伝えて説明をしっかり受けましょう。そして、皆さま自身がしっかりと納得、理解した上で次に進むようにしてください。

修繕履歴について少し触れておきますが、フルメンテナンスである大規模修繕工事は、12〜15年に一度くらいのペースが一つの目安です。調査報告書を見て「大規模修繕工事の間隔が空いているな」と感じたら、営業担当者を通じて、建物管理会社に確認してもらうと良いでしょう。

もう一つ確認しておきたい書類があります。それは「長期修繕計画」と呼ばれるものです。調査報告書が過去の履歴であるとすれば、長期修繕計画は未来の維持管理メンテナンスのスケジュールです。これは作成しているマンションと作成していないマンションがあります。

管理への意識の高さということを考えるのであれば、作成されているマンションを選ぶ方が良いかと感じます。あくまでも計画なので、この通りに進むとは限らないのですが、目安にはなります。

さらにこの修繕計画を見ると、今後の工事をいつ、いくらくらいかけて行う予定なのかも分かるので、今の修繕積立金の範囲内で賄えるのかどうかということまで確認ができます。もし、賄えないようであれば、今の修繕積立金がどこかのタイミングで値上げになるか、あるいは一時金という形で支払う必要が出てくるという心積もりをする必要があります。それを考慮した上で、それでも「これは良いマンションだ」と思えば購入する。そういうスタンスで、この書類を見てください。

しっかりとした管理会社が入っているマンションは、長期的に安定した家賃をもたらします。大家にとって、優れた管理会社は大切な存在です。ここでお伝えしたような書類一つからも、それを作成した建物管理会社の姿勢が見えてくると私は考えています。

重要事項調査報告書と長期修繕計画は、とにもかくにも大切な書類なのだと頭にたたき込んでください。

❹賃借人のこともしっかり確認しよう

オーナーチェンジで部屋を購入する場合、すでに賃借人の方がいらっしゃいます。大家の収入のキモは、その入居者から頂く家賃になります。だからこそ、次の2点は必ず確認してください。

①どんな方が借りて住んでくれているのか？
②今までに家賃の支払いが遅れたり滞納したりしたことはなかったのか？

個人情報保護が声高に叫ばれている昨今では、すぐに「こういう人が入っています」と教えてくれません。契約して購入することが決まれば、今の賃貸借契約書の内容が引き継がれることになるのでハッキリと分かるようになりますが、検討段階のうちは、なかなか教えてもらえないと考えておいてください。

私は、営業担当者に「入居者の性別、年代、現在の状態（社会人か学生か）、入居日、滞納の有無」を聞きます。このような大まかな情報であれば、最初の段階でも教えてもらえます。特に滞納の有無に関しては、大家の収入源になるポイントなので、確認することは大切です。

私の経験で「本当に丁寧な担当だったな」と思った人は、「少し遅れ気味ですが、毎月支払ってくれています」と、回答と合わせて入金された通帳のコピーまで見せてくれました。これを見て、私はその物件を安心して購入しました。

賃借人に払っていただく家賃が、大家の大切な収入源になります。その賃借人の事前の確認は、怠らないようにしてください。

余談ですが、通帳コピーの提示までしてくれるような営業担当者であれば、信頼できると思いませんか？　物件を購入するとき、大家は営業担当者に資料を依頼したり情報を求めたりなど、いろいろなことをお願いします。これまでの私の経験で、付き合いたいと思う営業担当者は、聞いたことやお願いしたことに誠実に対応してくれる方です。また、こちらが「分からない」と伝えれば、後日調べたり確認したりした上できちんと返答をしてくれる方です。不動産の営業担当者に限った話ではありませんが、「自分のことのように動いてくれる営業担当者」と出会えたら、その方との縁を大切にして信頼関係を築いてください。

❺提供していただいた情報には必ず返答！

誠実に対応してくれる営業担当者と出会ったら、うまく信頼関係を築きましょう。

営業担当者は、「買ってくれる」と見込みのある方を優先します。自分自身の収入にもつながることなので、買いそうな人を大事にするのは致し方ないと思います。

ただ、営業担当者も人間なので、「付き合いやすい人」や「ストレスなくやりとりできる人」と関係を持ちたいと思っているものです。だから、こちらが今すぐ購入できる状態でなくても将来的に購入する意思があり、営業担当者から「この人は見込みがあるしスムーズなやりとりもできそうだ」と思われれば、大切に扱ってくれます。

良い出会いがあったら、営業担当者に良い印象を持ってもらい、信頼関係の構築を始めましょう。

お勧めしたい方法の一つは、営業担当者から情報や連絡をもらったら、必ず何らかのレスポンスを返すというものです。とてもシンプルなことですが、これが有効なのです。

「連絡を差し上げても返答がないんですよ」という話は、営業担当者から意外と多く聞きます。だからこそ、他の方がしないことを丁寧にしていけば、その他大勢から抜け出すことができ、その営業担当者の印象に残りやすくなるのです。

皆さまが営業担当者の立場になって考えてみてください。Aさんのことを考えながら手間を掛けて資料を集めメールを差し上げたとき、それに対して何の返信もなかったらどう感じるでしょうか？　返信が来たとしても、素っ気ない内容であればどう感じますか？　もうAさんには連絡を取りたくないと思うでしょう。私は営業担当者との関係作りは、普通の人間関係と同じだと考えています。

だから、連絡をくれた営業担当者に対して、相性がしっくりこないとか、あまり関わりたくないと思う相手であれば、少しずつ距離を置いていくということも必要だと思います。また、「買えるのならこの人から買いたいけれど、今は買えるタイミングじゃないんだよな」というときは、メールのやりとりでも良いので、相手と同じ誠実さで返答することが今後につながり、信頼関係の一歩になります。

営業担当者も人間ですし、不動産を売りたいと考える人も人間なのです。不動産の世界は、人を介さなければ情報のやりとりや取引が成立しません。まだまだアナログで、いい意味で人間味のある世界であると私は思っています。

5　100点満点の物件は存在しない

第3章も最後になりますが、最後に一つ、最も大切な物件選びのポイントをお伝えします。

100%自分の要望に沿った区分マンションは存在しない。

物件を探せば、「マンションの雰囲気は、入居希望者に選んでもらいやすい良さはあるけれど、駅からのアクセスは少し遠く感じる」とか「雨が降っても駅から走れば傘も差さないで良いくらいの距離だけど、少し建物は古さを感じるよな」などと思うことがよくあります。マンションは、それぞれ、プラスに感じる面とマイナスに感じる面を持ち合わせているのです。人間と同じで、パーフェクトを望んではいけないのです。

100点満点の物件は存在しないのだから、70～80点と思えるのであれば、その物件を選んで間違いはないと思います。

例えば、資格試験をイメージしてください。合格点のラインが70点であれば、70点の人でも100点の人でも合格は合格なのです。確かに、100点を取ることは立派ですが、30点の差があったとしても、合格という事実に変わりはありません。

私が所有する10部屋の中で、100点と思える物件は一つもありません。全体的に見る中で、「このマンションの部屋なら入居者が途切れない」と思ったらGOサインを出して前に進んできました。マイナス面に意識を向けて前に進まないのは、「木を見て森を見ず」状態。時間の浪費にしかならないと思うのです。

数あるマンションの中で、自分の前に候補として現れるマンションは一部にすぎません。自分が購入して大家になりたいと思える部屋かどうかは、さらにその中の一部にしかありません。だからこそ、「100点満点の部屋は存在しない」と強く意識した上で、「どういう方に住んでいただきたいか」「自分が住む立場だとしたらここを選びたいと思うのか」と考えながら、自分なりの選ぶ基準や優先順位を決めることが大切になってくるのです。

自分と相性が良いマンションは必ず存在します。そんな部屋と出合うには、まずはできることから行動する。一歩ずつ行動していくと、必ずどこかのタイミングで良い出合いが待っています。

第3章
コラム

2020年を境に起こると言われている不動産問題

「2020年の東京オリンピックまでは需要が伸びるので、不動産は今が買い時です」

こんなセリフを耳にしたことのある方は、多いと思います。

オリンピックのような大きなイベントを控え、近年は観光目的や就労目的で海外から日本にいらっしゃる人が増えています。このような、いわゆる「インバウンド需要」の高まりもあって、日本は世界から注目されていると感じます。

不動産を資産運用の対象として見たとき、諸外国に比べると日本の不動産はまだまだ安いと言えます。先のセリフには、そんな背景もあって、「買い時」だと言っているとも感じます。

ただ、私は正直、このセリフには、どうしても違和感を抱かずにはいられません。いったい誰が、「2020年までが買い時だ」と言い始めたのか？　2020年が過ぎたら今度は「売り時だ」という話になるのか？　もしそうなら、皆が売りたいという状態になってしまい、希望の金額で不動産を手放すことができるのか？　そんな疑問が次から次へと思い浮かんでしまいます。

資産運用の観点から言えば、上がっているときに買い、下がっているときに売るというのは、一番やってはいけないパターン。周りの流れと同じことをしては、自分の資産を殖やすのは難しいと思うのです。これは、不動産ということではなく、株式投資なども含めて、よく言われる話です。儲かるのは、上がっているときに売った人と下がっているときに買った人です。また、その仲介などをする会社です。周囲の話だけをうのみにした人だけが損をしてしまうのです。

ここでお伝えしたいのは、「2020年までが買い時」という話をうのみにせず、皆さま自身が築いたスタンスを守り抜いてほしいということです。

私の考えをお伝えすると、買い時か売り時かは次のようになります。

自分自身が「買いたい」、「売りたい」と思ったときが絶好のタイミング。

相場の流れがあり、過去を振り返れば、価格が高めの時期や低めの時期があります。

しかし、そのタイミングは後から分かる話です。一番優先すべきなのは、自分自身の気持ちであり、すなわち大家を始めるためにマンションを買おうと決めた気持ちだと私は考えています。

定期的な安定収入を得るために大家を目指すのであれば、売るタイミングを購入時から考える必要性は薄いでしょう。また、時間を味方に付けることが大家としては何より大切です。ちまたで言われる「買い時」とか「売り時」という言葉に惑わされて貴重な時間を浪費することの方が、よほどマイナスだと私は感じます。7〜8年スパンという点から見れば、どのタイミングで購入したとしても、暴落がない限り、購入時から得られる家賃収入の手取り7〜8年分と売却したときの金額を合計すれば、プラスで終えられる可能性が高いのです。自分の思いや気持ちを大切にして、大家業に取り組んでいただきたいと思います。

第4章

大家業を充実させていくために

1 勉強は欠かさない

物件の購入は、あくまでもスタートです。大家をスタートするに当たって、長期的に安定した収入を望める部屋を選ぶことはとても大切ですが、購入を目的にしないように気を付けてください。「何のために始めるのか？」という目的を決して見失ってはいけません。

そして、大家としての活動は資産運用の一つなので、末永く継続していくためには、関連知識のブラッシュアップをすることが大切です。

不動産に関わることのうまい学び方

具体的に言えば、「宅地建物取引士」「マンション管理士」「管理業務取扱主任者」などの資格に関わるような内容を学びましょう。資格を取得することが目的ではありません。

購入した部屋の管理は、賃貸管理会社や建物管理会社へアウトソースして良いのですが、大家業を長く営んでいくのであれば、単に任せきりにするのではなく、基本的な知識をベースに持っておくことが重要です。

例えば、「宅地建物取引士」の資格は、不動産取引に関わる法律的なことが中心の内容になっているので、不動産に関わることを全体的に知るにはうってつけだと思います。不動産会社を起業して運営したり、不動産会社に転職をするのでなければ、資格取得までは必要ないので、無理のない範囲で、本屋で関連の本をのぞいてみたり、時間的なゆとりと興味があれば資格学校や通信教育などを通して学んでみるのが良いかと感じます。

私は通信教育を選びましたが、普段触れる機会のない民法などを学ぶことができ、知識のブラッシュアップとして申し分はありませんでした（興味が高まったので私の場合は資格まで取得してしまいました）。

「マンション管理士」「管理業務取扱主任者」の資格の勉強をすると、区分マンションの「建物管理」について学べます。一般に、それぞれの資格取得を目指す人は、マンション管理士の場合、マンション管理を外部からコンサルタントとしてサポートすることを目指すような方で、管理業務取扱主任者の場合は、建物管理会社の方が受験するケースを多く見受けます。

マンション管理士の資格は、区分マンションの大家には内容的に直結する部分が多く、関連の本に一度目を通してみると良いかと思います。

どちらの資格も、大枠の内容は同じです。例えば、マンションの管理組合の理事として活動されることがあるような場合は、マンション管理士の知識があると、マンション力維持に関する実務力がより発揮できるのではないかと思います。ちなみに、こちらの資格は、受験しましたが落ちてしまい、その後は受けていない状態です。今回このように書いていたらまた学んでみようかなという気持ちになりつつありますが……。

お金に関わることのうまい学び方

資産運用など、お金に関わることを全体的に学ぶ良い方法があります。「ファイナンシャルプランナー」という資格です。これについて学ぶと、皆さまの生活に密着した役に立つ学びがたくさんあります。

私自身ファイナンシャルプランナーとして活動しておりますが、入門の3級だけでも構いませんので学ぶことをお勧めします。実生活に生かせる内容になっていますので、本当にお勧めです！

会社員として働いている方なら、それまで会社任せにしていたお金のことが、「こういうことだったのか」と分かる面白さを感じられるでしょう。身近なところで言えば、給与明細に載っている「社会保険」や「所得税・住民税」という分野も、この資格の勉強を通して学べます。資産運用という点では、金融資産の運用全般に関して、また生命保険や損害保険、確定申告や相続、そして不動産など、一通りのお金に関わる分野を浅く広く学べる内容になっています。

大家としての立場で見ても、「不動産投資」が不動産分野に盛り込まれていますし、「確定申告」も盛り込まれています。普段なかなか接する機会の少ない所得税や住民税の仕組みも理解できるので、申告するときに役立ってきます。

私は、自分の大家の経験と経営コンサルタントの経験を踏まえたサポートを一番の得意分野にして、「不動産ファイナンシャルプランナー」と名乗らせていただいています。また、大家になることは、資産運用の一つの形であるので、金融資産を含めた投資に関することでもサポートしたり、不動産つながりでマイホームや住宅ローンに関すること、ひいては保険の相談という部分にもサポートしたりと、この仕事は幅広さが面白みになるんだなと感じながら、仕事に携わってい

ます。

資格の更新には、継続した教育を受け、2年ごとに単位の取得を行わなければいけない仕組みになっています。ある意味良い刺激にはなっているかなと感じています。

2 物件選びを楽しみに

ここでは、皆さまがすでに1部屋以上取得して大家業をスタートしていることを前提にお話ししますが、疑似体験と現地見学は、可能な限り継続されることをお勧めします。次の部屋を買う時期を決めていらっしゃるような方はもちろんのこと、大家になるプロセスで物件選びが楽しいと感じられることがあるのなら、趣味の一つとしてなされることも良いかと思います。

私は、この物件選びの疑似体験をとても楽しいと思えたので、購入しない時期にあっても、気が向いたときはインターネットに掲載されている物件を検索していました。そして、「良さそうかも」と思える物件をピックアップし、時間があるときにドライブを兼ねてその場所を訪れ、街歩きを楽しみながら、物件や駅を見て回ったりしました。今でも時間を見つけては、疑似体験と現地見学を楽しんでいます。

「生徒の準備ができたとき、先生は現れる」などという言葉を聞いたことがある方もいらっしゃるかと思いますが、これと同じことが大家にも言えるのではないかと私は考えています。皆さまがいろいろな物件を調べたり現地に足を運んだりしながら、物件を選ぶ力をどんどんブラッシュアップしていくと、1部屋目よりも2部屋目、2部屋目よりも3部屋目の方がより良いと思えるマンションに出合える確率がだんだんと高くなっていきます。

1部屋目を取得するまでに自分がしたのと同じことを、今後につなげる意味合いで継続しましょう。不定期でも良いのです。本業に支障を来してしまっては本末転倒ですので、無理なく続けられる範囲で取り組まれることをお勧めいたします。

3 金融資産と実物資産のバランスは大切に！

区分マンション大家になってその楽しさが分かってくると、よくかかる病気がありまず。「物件欲しい病」です。私自身かかったことがあるので、その気持ちはよく分かります。「区分マンション大家ほど良いものはないから、とにかく次の物件取得に向けて自分の資産を全てつぎ込もう」と思い始めてしまうのです。

大家仲間を見ると、失敗していない人は、1部屋ではなく複数持ちたいと考える方が多数を占めます。私自身も、複数部屋を所有することがリスク回避にもつながると考えています。

ただし、自分の資産がほぼ全て不動産（区分マンション）である、という状態は避けてほしいと思います。資産運用の一つとして始めたはずなのが、物件を取得して増やすことだけが楽しくなり、やがて目的になってしまい、資産運用の全体のバランスが崩れてしまうのです。「物件欲しい病」にかかってしまうと、食生活に例えるなら、肉料理が好きだからと毎日肉ばかりを食べている病的な状態になっているのです。

この状態、自身の体のことであれば体調不良など何らかの形でサインが出てくるのですが、資産が自らサインを発することはないので、皆さま自身が意識して全体のバランスを整えてあげることが必要なのです。

資産運用として、お金を振り向ける先は複数あります。自分で分かるものにだけ振り向けるという原則は忘れないでいただきつつ、次のバランスを意識してください。

金融資産と実物資産のバランスは「20：80」あるいは「15：85」にする。

図表4－3－1　不動産だけに偏らない金融資産

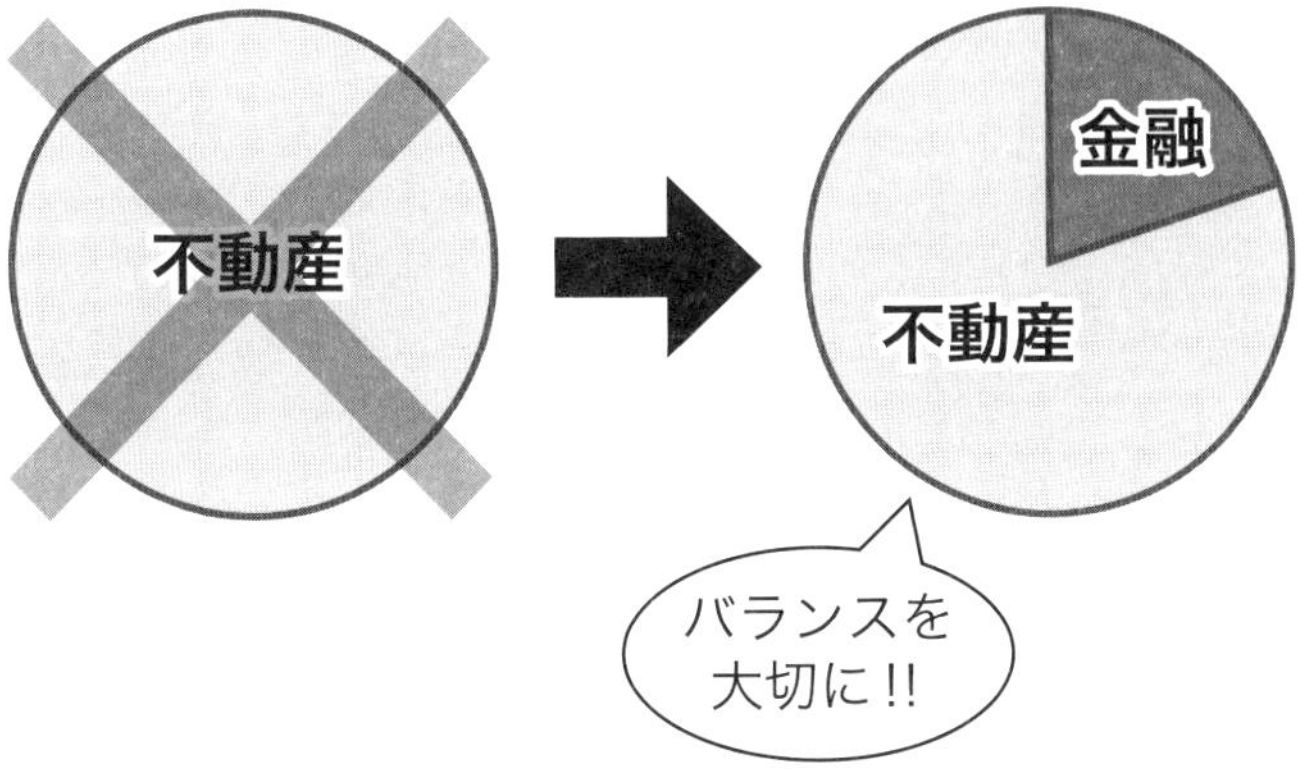

私は、そのくらいが良いバランスではないかと考えています。

不動産のような実物資産は現金化するのに時間がかかるけれど、保有していれば安定収入をもたらしてくれる定期預金のようなイメージです。金融資産は、日常の生活を支える資金としての預貯金を確保しながら、国内外の株式や債券を保有して配当や株主優待を楽しみつつ、世間の経済動向を把握する目的も含めて保有するといったイメージです。

私自身がこれを書いているタイミングで自分のバランスを見てみたら「金融資産：実物資産＝25：75」でした。まずまずでしょうか。年に一度くらいは資産配分の状態を見て、今後のお金の体調バランスをどう整えるか考えてあげるようにしたいものです。

4 マンションの総会に足を運ぼう

マンションの部屋を購入すると、年に一度開催される「マンションの管理組合総会」の案内通知が届きます。日程や都合が合えば、顔を出してみることをお勧めします。出席すると、自分の保有しているマンションへの関心を継続する意欲も出てきます。

区分マンションの大家になると、部屋ごとに割り当てられた「区分所有権」という権利を取得します。その区分所有権を持っている全員が、マンションの決め事を行う「管理組合」の一員になり、みんなで「大規模修繕をいつ行うか」「○号室の管理費・修繕積立金の滞納をどう回収するか」などを話し合ったり、実務的な運営を行っていきます。

ただ、皆さまそれぞれの生活や仕事もあり、大家が多いマンションであればそこに住んでいる人も少ないので、顔を合わせて話し合うことが物理的に難しいという状況が生じます。そこで、管理組合の運営や修繕計画の立案などを外部に委託しようということで登場するのが建物管理会社です。建物管理会社は、管理組合のサポート役という位置付けになります。

総会には、管理組合の中で中心的な役割を担う「理事」など、マンションの管理に関心が強い人たちと建物管理会社の営業担当者が参加して行われることになります。つまり、この総会には、マンション力を維持することを真剣に考えている人たちが集まるのです。

皆さまが自ら理事になるのであれば別ですが、それ以外の方は、理事たちや建物管理会社の営業担当者と顔を合わせる機会はまずありません。だからこそ、タイミングさえ合えば顔を出して、「建物の維持管理を中心になって考えてくれているのはどんな方々なのか」を見ておくことをお勧めしたいのです。

管理組合と建物管理会社がしっかりとかみ合って運営されてこそ、マンション力は維持されるのです。参加してみると、実際に運営されている方々の考え方や人柄をうかがい知る良い機会になります。その中心になっている方々が信頼できそうなら安心できますし、雰囲気が良くないと感じたら長期的にはそこの部屋を手放してしまうという選択をしても良いかもしれません。

5 確定申告はお忘れなく

会社員の場合、確定申告は自分とは無関係のものだと感じる方は多いでしょう。例えば、病院にかかった費用が多かったり、ふるさと納税をするなど確定申告を行う必要性が出てこなければ、会社員は会社がやってくれる年末調整で全て終わります。

余談になりますが、これは日本の制度の悪い点ではないかと感じています。会社勤めの場合は、自分で税金を納めに行くような経験がないため、税金に対しての意識が低くなります。その結果、税金の使い道に関心が向かなくなってしまうのです。

自分で税金を計算しなくて済むのは、会社員のように給与以外の収入がない方だけです。不動産収入がある方は、年末調整だけでは終わらせることができないので、確定申告をすることになります。

大家を始めることで初めて確定申告に触れる方も多いと思います。最初は不慣れなことも多いでしょう。これは致し方ないと思います。性格的な向き不向きもあります。どうしても「自分では難しい！」と思えば、専門家に依頼するのが良いと思います。

ただ、最初は「自分でやってみる」ことをお勧めしたいです。払うお金を減らせるというよりも、確定申告を自分でやる中で、実際の不動産の収支を自分の目で把握できるからです。また、所得税や住民税の仕組みがおぼろげながらでも見えてきて、自分で大家をやっているという達成感も味わえるのではないかと思います。

今は、国税庁のホームページに「確定申告書作成コーナー」があります。パソコンの前に必要書類をそろえて、画面の中で順番に入力していくと、自然と申告書が出来上がるという素晴らしいシステムです。ただし、「年間の家賃収入」「管理費修繕積立金の支払額」「返済の利息の金額」「固定資産税」などの収入と経費に関するものをまとめておくという事前準備は必要です。

それでも、大家業の場合は基本的に経費はあまり多くなく、分かりやすい仕組みだと私は感じています。賃貸管理会社に依頼している場合、年間の家賃の一覧表の前年分を年が明けると送ってくれますし、銀行の通帳を見ると入出金が印字され、これが帳簿に近い役割を担ってくれます。

最初は分かりにくいことが多いと思いますので、その都度、税務署に確認したり、不動産会社の営業担当者など相談できそうな人にフォローしてもらったりしましょう。

銀行などから融資を受けるとき、確定申告が重要になります。1部屋目を購入するときはまだ大家としての実績がないので、必要書類は源泉徴収票などが求められると思います。しかし、すでに部屋を保有して大家業をスタートしている場合は、確定申告書を通してそれまでの実績を確認され、その上で融資の可否を判断されるようになるのです。

保有しているマンションがあるのに確定申告をしていないとなると、おそらく融資を活用しながら2部屋目、3部屋目と増やしていくことは難しくなります。

会社員として給与をもらうだけでなく、大家というサービス業を行う事業主になったのだという意識を持っていただきたいと思っているので、私は最初からあえて「不動産投資」という言葉を使わずに「大家」という言葉を使うようにしていました。不動産収入を得るというのは、単に利回りがどのくらいの投資かというスタンスよりも、部屋を貸し出す事業を行っているという捉え方の方が分かりやすいですし、実際に金融機関はそういう目で私たちを見るようになってくるのです。

大切なことなので、頭の片隅に入れておいてください。

6　税金で損をしないための税理士の選び方

改めてお伝えしますが、確定申告はまず自分でやってみることをお勧めします。大家としての不動産所得は本当にシンプルですし、スタートラインに立ってから2部屋、3部屋くらいまでの規模感であれば、利益が出過ぎて困るということもないと私は思います。だから、自分自身で処理できるでしょう。

ただ、どうしても数字の管理が苦手で、お金を払ってでもアウトソースしたいという方がいらっしゃるのも事実です。そういう方は、苦手なことに向き合って時間を浪費するくらいなら、税理士のような専門家などに任せてしまった方が良いです。シンプルな不動産収入の確定申告であれば、年間3～5万円前後くらいで対応いただける先生が多いのではないかなと感じています。ただ、先生によって違ってきますので確認をしてください。

税理士の選び方についても触れておきます。

私の考える良い先生は、自分との相性が良く、ストレスなく話せる人です。この条件を満たした先生を選ぶのが、関係を長続きさせる秘訣《ひけつ》です。不動産の営業担当者の選び方と同じです。

私自身、経営コンサルタントの仕事もしていまして、中小企業の社長と接しながらお話をさせていただく機会が多いのですが、クライアントとして長く続くかどうかを考えるときに、何より人柄というのを意識します。選ばれる立場ではありますが、私も自分がストレスなく付き合えそうな社長かどうかというのを判断してから、お付き合いをさせていただくようにしています。お互いに末永く、心地よくやりとりをして満足感を抱いて喜んでいただけることこそが、仕事の醍醐味《だいごみ》だと私は思っているからです。

そして、お医者さんが内科や外科に分かれているように、先生も得意なジャンルがそれぞれにあります。大家としては、不動産のことを分かってくれている先生でないと安心して任せられません。そこで、こんな質問を3点すると良いかもしれません。

①「クライアントに不動産所得のある方はどのくらいいらっしゃいますか?」
②「融資を受けたいとご相談した場合に紹介してくださる金融機関はありますか?」
③「築●年の区分マンションを購入するのですが、減価償却は何年になりますか?」

一つ目は、経験の有無。

二つ目は、融資サポートの有無と銀行との付き合い方が分かっているかどうか。

三つ目は、大家のキモの経費になる減価償却費について適切に考えてくれるかどうかを見るため。「1日考えてからお返事します」ではダメです。

これらを考えながら相性の良い先生を見つけられることこそが、一番の税金対策になる。そう思っていただいて良いと考えています。

7 銀行との付き合い方

多くの大家業は、金融機関から融資を受けることでスタートを切ることができます。金融機関にとっても、お金を皆さまにお貸しすることで、長期的なお付き合いがスタートします。金融機関は、顧客とのなれ合いが起きないように、おおむね3年ごとに担当者を異動させます。だから、担当者との付き合いは、そのたびに途切れてしまいますが、その金融機関との付き合い、ひいては融資を受けたその支店との付き合いは、完済するまで継続します。このことをしっかり覚えておいてください。

皆さまが融資を利用して長期的な収益を上げていくのと同じように、金融機関も皆さまに融資をして利息を付けて返済してもらうことを通して収益を上げていきます。両者は、一心同体のような存在ではないかと私は考えています。つまり、皆さまが大家として行う賃貸業が傾いてしまえば、金融機関も利息収入が途絶えてしまいかねないという意味で、一蓮托生ではないかということです。

金融機関はいろいろな方に融資を行っていますから、皆さまがお借りする金額というのは、全体の中で見れば少額なのかもしれません。しかし、貸し出しをしているお客さまの一人という点では同じです。

では、その中で大勢のお客さまの中に埋もれず、皆さまが金融機関や支店の中で目立つ存在になるにはどうしたら良いと思いますか?

その一番良い方法は、定期的な報告をすることだと私は考えています。大家業に限らず、他の事業を行っている会社も含めて、皆さまお金を借りるまでは必死にいろいろと考えたり、金融機関からの要望を踏まえてさまざまな対応をしたりします。融資を受けることが目的であるので、当然と言えば当然です。

ただ、その目的を達成してからがスタートなのに、融資を受けてしまうと、それっきり連絡をしなくなってしまう方がとても多いそうです。金融機関には、「決まった期日に遅れることなく利息を付けてお金を返してくれればＯＫ」という大前提があるので、毎月の返済を滞りなく行っているのであれば何ら支障はありません。
しかし、これでは、「その他大勢」に埋もれてしまいます。そこで、ぜひ皆さまにしていただきたいと思うのが、定期報告です。その報告のタイミングで一番良いのが、確定申告をした後です。

確定申告は不動産を含めた1年の収支決算のような書類です。その書類を金融機関に毎年持参して、昨年の報告をするのです。皆さまの多くが決算報告などに関してあまり明るくないのは、金融機関の方も分かってくれていますので、顔合わせのような感じで良いと思います。不動産収支の部分の大枠をお伝えし、大家業拡大という意味で追加物件の購入も検討しているという話をして、追加で融資していただける見込みがあるかないかを参考までに聞くという場になれば、有意義な時間になるのではないかと思います。

私自身も、毎年必ずこの報告をするため、金融機関に行くようにしています。年に一度であれば、支店長や融資の責任者も、時間を割いていただける可能性が高いです。20分や30分でも十分。ここで話をすることで、その金融機関のその時点での融資姿勢が垣間見えたり、追加の融資が受けられるかどうかの目安も見えてきたりもするのです。
金融機関の担当者も人間です。顔を合わせない人よりも、たとえ年に一度であったとしても顔が見える人の方に、信頼を置きたくなると思うのです。また、顔を合わせていれば、融資が本当に必要になったときも話がしやすいですし、毎年の確定申告書などの資料も渡しているので、すぐに話を進められるでしょう。

ぜひ、確定申告をした後には、金融機関との関係作りという意味合いも兼ねて、訪問してみてください。ただ、くれぐれもアポなしで行かないようにしてください。事前に電話をして日時を決めてから伺うのがマナーです。

8 金融機関は何を見て融資するのか

大家業における融資の種類は、大枠で2種類あります。

一つ目は、皆さまの会社員としての年収などから主に判断される「アパートローン」。

二つ目は、大家としての実績を積み上げることで事業として認められて受けられるようになる「プロパーローン」。

大家業のスタートで受けられる融資は、アパートローンになります。この融資の場合、金融機関は区分マンションの担保価値・評価などは重視せず、皆さまの会社員としての年収をベースにその8~12倍までくらいを目安として貸し出すという判断をします。

ただ、この8～12倍という数字はあくまでも目安で、その他にも預貯金や生命保険の解約返戻金、株式などの金融資産など、皆さまの資産背景も加味しながら融資可能額が検討されます。また、住宅ローンや車のローンなど、すでにある借入に関しても一緒に確認がされます。

ここで大切なのは、プラスに働きそうなことはなるべく多く伝えることだと、私は思っています。例えば、「宅地建物取引士」や「ファイナンシャルプランナー」の資格を持っているのであれば、記載しておいてマイナスになることはないと考えます。これからスタートして継続しようとしている大家業について、きちんと勉強をしているということがプラス評価につながる可能性も高いのです。

また可能であれば、ご家族、世帯全体で持っている資産をオープンに開示するのも、プラス材料になる可能性が高いです。理解者や協力者がいることを示すことで、返済の滞る確率が下がることを金融機関が確認できれば、融資の可能性が高まることにもつながります。

自分の資産状況、さらには身内の資産状況の把握や開示には抵抗感を抱かれる方もいると思いますが、大家としてスタートし、継続したいというお気持ちがあるのであれば、ここはオープンにした方が有利な状況を作り出していけると私は考えます。
配偶者の方に内緒で始めようとする方もいらっしゃるのですが、のちのち何かのきっかけで分かることも多いと思います。そうであれば、最初からちゃんと伝え、話し合って納得した上で進める方が、気持ちの上でもすっきりと行うことができます。その方が、家族円満のためにも良いと思います。

プロパーローンに関しては、少し規模感が出てきてからの話になると思いますが、前述のアパートローンの考え方をベースにしながら大家業を継続していくと、その実績を材料として金融機関に提供できるようになります。そこで大切になってくる書類が「貸借対照表」というものです。

金融機関は、年間の収支（家賃収入から管理費修繕積立金などを差し引いたのがプラスかマイナスか）をしっかりと確認します。ただ、それ以上に、次のような点を重要視していると私は感じています。「最悪なこと（皆さまが返済できなくなること）が起きたときに、担保として取っている不動産がいくらで売れて、その売れた金額で貸しているお金を回収できるのか」。この部分が見えるのが貸借対照表になります。分かりやすくお伝えすると、「皆さまがすでに保有されている不動産の帳簿上の価格」から「その時点の借入残高の合

図表4－8－1

■貸借対照表　資産＝負債＋資本＋利益　　■損益計算書　利益＝収益−費用

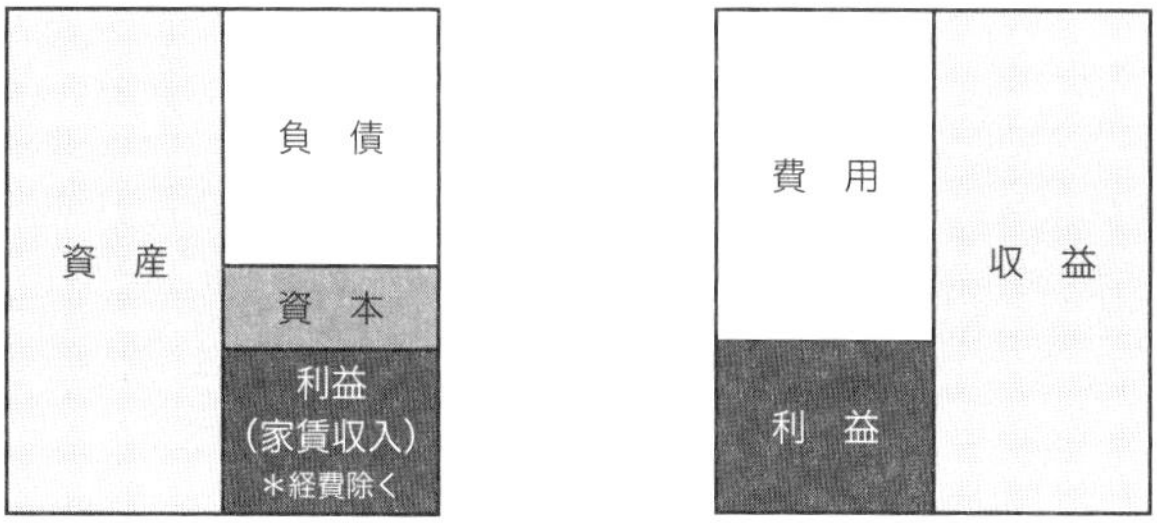

図表4－8－2

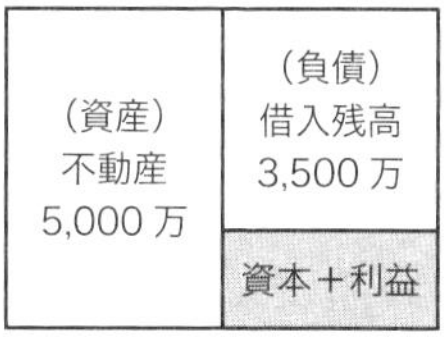

資産＞負債であれば、最悪なケースが起きても、不動産を売却して回収できると金融機関は考える

→差額の1,500万円は、理論上、貸しても大丈夫な金額であると考える

計」を表にして示しているというイメージです。

　実際に今売ったらいくらになりそうかという点も考えますが、貸借対照表を見て、例えば3部屋で帳簿の価格が5000万円だとした場合に、借入の残高が3500万円だとすれば、理論上はあと1500万円までは貸してもお金が返ってこないことは、最悪の場合でもないと考えられます。

　これ以上話すと、話が専門的になり過ぎてしまうので、このイメージだけを持っていただければと思います。このあたりを、専門的にしっかり考えられるのが税理士やファイナンシャルプランナーかと私は考えています。詳しく知りたい場合は相談されることをお勧めします。

9 繰上返済、それとも再投資……どっちが良いか？

大家業をスタートした後こそ、努力してお金を貯めていくことの大切さについて、この本で何度もお伝えさせていただきました。繰上返済は、金利上昇の対応につながり、借入のない部屋を増やす近道です。

ただ、「繰上返済の大切さは分かるけれど、手元にあるお金を運用した方が良いのではないか？」ということもよく耳にします。

結論から言えば、繰上返済するよりも高い利回りを得られるのであれば、無理にしなくても良いと考えています。

仮に、2％、35年期間で1990万円を借りた場合、毎月の返済額は6万5921円です（97ページ参照）。ただ、その際はローンのないマンションにするにはどのくらいの期間が必要になるのかを考えたので、毎月の返済額は変えない「期間短縮型」を前提に見ましたが、ここでは手取りに焦点を当てるので「返済額軽減型」で見てみます。

返済額軽減型とは、完済までの期間を変えずに、毎月の返済額を下げるという繰上返済の方法です。つまり、毎月の手取りが増えるわけです。この返済額軽減型で毎年100万円を繰上返済した場合、返済額はどのくらい下がるのか？

繰上返済するタイミングによっても変わりますが、例えば1年後に行った場合、答えは「毎月約3380円」です。年間にすると手取りが「4万560円」増えることになります。そう考えると自己資金100万円を使って、年間4万560円を利息として得るという考え方ができるので、利回りは「40560÷1000000＝約4％」ということになります。

では、この100万円を頭金にして、同じようなマンションを購入したとしたらどうでしょうか？　前提条件は同じで、家賃が9万円、管理費・修繕積立金で1万2000円、借入金額が2000万円－100万円の1900万円とします。

このときの毎月の返済額は、6万2939円になるので、手取りは「90000－12000－62939＝15061円」です。1年にすると18万732円。固定資産税を考慮して、おおよそ14万円くらいは残ります。自己資金100万円に対して手取りは14万円なので、利回りは「１４０００００÷１００００００＝14％」となり、繰上返済の利回り４％より高利回りになります。

資産運用の効率という点にスポットを当てれば、追加の融資で新たな部屋を購入する再投資の方が、借りている融資の金額は増えますが、リターンは大きくなるということです。この計算を踏まえて、皆さまそれぞれどう考えるかは、気持ちや、心構えに関わってくるので、正解はないでしょう。

積極的に借入の金額を増やしてリターンの多さを追求したいという気持ちが強いのであれば再投資が良いと思います。逆に、効率が良いのは分かるけれど、借入を増やし過ぎるのは気持ちの面で怖さがあるというのであれば、堅実な繰上返済を選ぶ方が良いと思います。くれぐれも、「何のために大家業を始めるのか」という最初の目的を見失わず、自分が決めた借入のバランスを崩さないように大家業を進めてください。

私の場合は、ある程度慎重な姿勢で取り組む後者の気持ちが少し強いので、資産全体の半分くらいが借入というバランスが一番心地よいと考えています。

金融機関には、繰上返済をして手元資金が少ない人よりも、借入残高があっても手元資金が多くある人の方を評価するという姿勢があります。金融機関からすれば、繰上返済をされてしまうと、長期的に当てにしていた返済からの利息収入が減ってしまうからです。
また、万が一、返済が難しい状況になってしまった場合、金融機関からすれば、不動産の売却で残債を回収するよりも、貸した相手の手元にある預貯金から完済してもらう方が、手間がかからず対処もしやすいのです。

分かりやすい例を挙げれば、仮に2000万円の預貯金がある人に対して、2000万円の融資をするのは、金融機関からすれば、限りなくリスクが低いので、とても貸しやすいというイメージです。

繰上返済と再投資はどちらが良いというわけではなく、皆さまの目的や気持ちの部分とのつながりが強いので、自分の気持ちが受け止められる借入金額の目安や保有したい部屋数の目標を見失わないことが大切です。

10 大家業を充実させるための人脈の作り方

大家業を進めていくには、実にいろいろな方との接点が必要になってきます。不動産会社の営業担当者をはじめ、金融機関の方、建物管理会社の方、賃貸管理会社の方、部屋を売りたいと考えている方、司法書士などです。

これら以外の人とのつながりも大切だと私は考えます。簡単に言うと「大家仲間」とのつながりです。

大家一人一人は、目的や目標に違いがありますが、大家をやっているという部分で共通項があるので、話が弾みやすいということが挙げられます。そういう集まりに行くと、それぞれが経験したことを共有できるので、未知の部分をあらかじめ知ることができ、安心につながる部分は多いはずです。

そんな集まりは、実際の大家が主催しているものもあれば、不動産会社が主催する大家の交流会のようなものまで、探すと幅広く見つけられます。また、大家を対象としたセミナーに継続的に参加していると、同じ興味を持つ人が集まる場なので、新たな出会いにつながる可能性も高くなります。

ここでは、他の大家の方々と出会い、生きた情報を交換し、新たな気付きを得るリアルな場と考えていただくと良いかと思います。いろいろな場で学びや気付きを得られますが、実際の大家が話す経験談に勝るものはないと私は考えています。常にオープンマインドで臨み、ささいなことでも自分の気付きにつながるという意識を持てば、交流の場に足を運ぶことで新たな出会いや発見が必ずあります。

そこで先輩大家に自分が抱えている不安や分からないことなどをぶつけると、もやもやした気持ちが解消できたりします。いろいろな交流会があり、中には「自分とは肌が合わないな」と感じる場もあるかもしれませんが、それも一つの経験です。気になる場があれば、迷うより行動してみる。そんな心掛けを優先していただいて、大家としてのブラッシュアップをリアルの場でも行うことをお勧めします。

11 個人で行うのか、法人で行うのか──「節税」と「資産規模」

大家業をある程度進めていくと、「個人で進めていくのが良いのか？ あるいは法人を作った方が良いのか？」という話が出てきます。これも大家業の目標と取り組み方、あるいは自分なりの考えや思いによって変わってくるので正解がある話ではありません。

節税という点でポイントになるのは、個人の場合は給与など他の収入と合わせて所得税や住民税が決まり、所得税は収入（所得）が多くなればなるほど、税率が高くなるという仕組みがあります。これに対して、法人の場合は利益が８００万円以下と８００万円超の境はありますが、基本的に利益に対して一律で税金が課されます。

さらに、日本政府の動きとして「個人増税・法人減税」の方向で動いているので、会社員としての本業の収入が多い方は、法人を活用するのが、税金を抑えるという点からは選択肢として「あり」だと思います。

この本業の収入と節税の関係については、税理士がそれぞれの立場で書いた本がたくさんありますし、インターネットなどでも情報が多く出ています。それらをぜひ参考にしてください。

次に、資産規模の観点です。

これから大家業をスタートする、あるいはスタートして間もないという方にとっては、「そもそも法人なんて作る意味が分からない」という方もいらっしゃるかと思います。しかし、最初に「ワンルーム大家として6~7部屋以上の所有」と目標を掲げたとすれば、1部屋目から「法人」で所有する方が長期的に考えると良いと私は考えています。3点の理由があります。

1点目は、節税という点から、法人の方が個人よりも経費にできる対象が増えます。

2点目は、金融機関の注目するところが、個人の収入ではなく、法人としての実績を重視するようになります。

3点目、将来的に相続が発生した場合、法人の株式だけが相続の対象になるので、不動産の登記をやり直したりする手間が掛からず、代表者の変更登記を行うだけで大家業を継続できます。

1点目の経費については、一番大きなところで「給与」があります。支払った給与が経費になるのです。ご家族に対しても支払えるので、収入の分散ができるというメリットが挙げられます。

「奥さまを代表にして不動産投資をしましょう」というようなことがよく書かれています。これは、収入分散のメリットと、副業が禁止されている会社員が会社に分からないように大家業を行えるメリットがあるからです。

また、ご自宅を賃貸で借りていれば、賃借人を法人に変えると、法人の社宅に住んでいる形にできるので、家賃の一定割合を法人の経費として落とすことができます。普通に賃貸住まいをしていたら、ただお金が出て行くだけですが、法人にすれば経費として一定割合を計上できて、支払う税金も抑えることにつながります。このメリットは大きいのではないかと感じます。

2点目の金融機関については、個人の場合、アパートローンの融資を受けるとき、例えば収入の10倍までというような目安の枠があります。これに対して、法人の場合は、プロパーローンがメインになり（アパートローンが利用できる金融機関も一部あり）、収入の10倍などという枠が外れて、個人よりも大きな規模を追い求めやすくなると考えられます。

3点目の相続については、例えば区分マンションが10部屋あり、相続人が3人だった場合、どの部屋を誰が相続するかということなどが問題になったりします。しかし、法人であれば、「法人」という箱の中に10部屋が全て入っているイメージになるので、誰がどの部屋を相続するというような視点がなくなり、法人そのものを皆で譲り受ける形になります。これから法人で生まれる収益についての話が中心になるので、どの部屋を誰が相続するかという問題は生じません。仮に、相続人が全員、大家業の法人を引き継ぎたくないという話になれば、所有していた部屋を売却して皆でお金を分配するとか、法人そのものを誰かに売ってしまうということもできます。

法人のマイナス面も紹介しておきましょう。

法人になると、確定申告ではなく、法人専用の決算申告になります。一般の人には、なかなかなじみがないものなので、多くの場合、税理士に依頼したりすることになると思います。すると、費用が毎年かかってきます。

また、決算の数字がマイナスだとしても、均等割という年間7万円の基本料を払わないといけません。個人の収入と法人の利益のバランスを考えて進めないと、かえって税金面での支払いが増えてしまうかもしれません。

だから、「3～5部屋くらいの所有で十分だ」と考える方や「法人と個人を切り分けるような手間の掛かることはしたくない」というお考えの方であれば、法人にすると負担になりかねないので、個人で進めるのが良いと思います。それぞれにメリットとデメリットがありますので、できればスタートを切る前に目的を考えて、どちらでスタートする方が良いか、不動産会社の営業担当者や税理士など、数字に明るい人に相談するなどして、ある程度の方向性を決めておくことをお勧めします。

12 年に一度は保有資産の棚卸しをしよう

年に一度、年末などタイミングを決めて、「大家として保有している部屋を売却したらいくらであれば希望者が現れるか」と考えるようにしましょう。

区分マンション大家の場合、短期間での値上がりを期待することは難しいですし、多くは家賃収入を定期的に長期的に受け取ることを目指しているので、手放すことを意識しなくても良いとは思いません。しかし、いつ現金が必要になるか分かりませんし、資産運用の一環として行っているので、全体のバランスが悪くなれば売却をしてバランスを整えるということも必要になると思います。また、どうしても売却しなくてはいけなくなった場合、いくら以上なら売ってもいいというラインを自分で把握しておけます。

では、その売りたい価格をどうやって考えればいいのか。

私が用いる一つの方法は、「実質利回りを８％とした場合で計算する」というものです。例えば、家賃９万円、管理費・修繕積立金1万２０００円の部屋であれば、（９００００－１２０００）×12÷８％＝１１７０００００円になります。これは最低ラインなので、この価格で売りに出せば早々と買い手が付くと思われる値段というイメージです。

立地などの条件によって変わることもあるので、必ずとは言い切れませんが、東京23区や神奈川県の川崎市や横浜市であれば、ほぼこの計算で問題ないと思います。

その他の方法としては、所有する物件に近い条件の部屋がいくらで売りに出ているのか、インターネットなどで検索すると、実際に売れる金額をイメージしやすくなります。また、最低ラインを決める一つの考え方として「部屋の購入価格からそれまでに受け取った手取りの家賃（管理費・修繕積立金や固定資産税などを引いた後の金額）を差し引いた金額」で考えるとイメージが湧きやすいと思います。

例えば、家賃9万円、管理費・修繕積立金1万2000円、固定資産税5万円だとして、2000万円で購入した部屋で、購入から5年後だとすると、「(90000－12000)×12＝936000円－50000円＝886000円」の5年分になるので、「4430000円」となり、購入価格の2000万円との差額は「約1560万円」となります。この金額以上で売れれば、損失になることはありません。

実際は、融資なども絡むので、この単純計算だけでは賄いきれない個別ケースが多いと思いますが、考え方の一つとして捉えていただければと思います。そして、この売れると思われる価格や最低ラインを把握しておくことは、皆さま自身の気持ちの安心感にもつながるでしょう。

13 お世話になっている方に「ありがとう」を

「ありがとう」という言葉は魔法の言葉で、思えば思うほど、そして伝えれば伝えるほど、不思議と自分が幸せな気持ちになり、「ツイているな」とか「幸運だな」と感じることも増えるような気がします。

私自身、大家業をスタートしてから、「ツイてるね」「おかげさまで」「ありがとう」とよくつぶやくようになりました。周囲への感謝の気持ちが増えるに伴って、公私ともにマイナスに感じることが少なくなったようにも思います。

大家業の話に戻すと、毎月振り込まれる家賃を見ていると、それが続くのが当たり前のような感覚に陥りがちですが、それは慢心です。私たち大家が貸して差し上げた部屋を利用していただき、入居者が満足のいく生活や仕事をして収入を得てくださるからこそ、家賃も頂けるのです。そんな感謝の思いが、大家としての心構えに必要ではないかと私は常々自分に言い聞かせています。

頻度は多くないのですが、入居者が住んでいるときに「設備に不具合が生じた」とか「ここを直してほしい」というような依頼が賃貸管理会社に入ったとき、私は「修繕にかかる費用の多寡も大切だけれど、入居者さまが快適に住んでいただくことの方が重要なので、少しでも早く直して安心できる環境を整えるように対応して差し上げてください」とお願いしています。

大家としては、収入源が途絶えることが一番痛手です。お住まいいただいている今の入居者に少しでも快適に長く住んでいただけるように努める、これが大切だと私は考えています。

この感謝の気持ちは、入居者に対してだけでなく、信頼を置いている賃貸管理会社や不動産会社、営業担当者、融資をしてくれている金融機関など、大家をしていく中で関わる方々に対しても、当然持っています。

そこまで頻繁にお会いする人たちではないかもしれませんが、大家業を進めていく中では欠かせない存在なので、お中元やお歳暮を贈ったり、相手の時間や都合、予定を踏まえて、寄れそうなときがあれば連絡をして、顔合わせのような感覚でお目にかかり、感謝の気持ちを直接伝えるようにもしています。

「ザイアンスの法則」というのをご存じでしょうか？　かいつまんで言うと、接触する回数が多い人に対して、好感や好印象が高くなるということを理論的に証明した法則です。これを知ったとき、「確かにそうだよな」と感じ、リアルで会うことが難しくても、メールで連絡を定期的に取らせていただいたりして、忘れられにくい存在になるように努めています。

こういった努力こそが、失敗しない大家としての道を充実させることにつながるのではないかと、私は考えています。共感していただければ、取り入れてみてください。

第4章コラム

「待つ」ことの大切さ。気持ちのコントロールが必要です

区分マンション大家になり1部屋を所有すると、2部屋3部屋と欲しくなる方が多いという話をさせていただきました。それは1部屋目で失敗せず安心感を抱くことができ、複数の部屋を分散して所有することがリスク回避につながると感じるようになったからでもあると思います。この方向性は、ワンルーム大家の場合は、正しいと私は考えています。

ただ、進む方向性は良いのですが、次のマンションの部屋が欲しいという感情が強くなって、少しでも早く手に入れたいという焦りのような気持ちになる方も見受けられます。少しでも早くマンションの部屋を見つけ、長く利用していくことが、確かに有利ではあるのですが、早く動くことばかりが必ずしも良いとは思いません。

私は常々自分に言い聞かせていることがあります。それは「欲望は小さく持つこと」、そして「いい球が来るまで待つこと」です。

人間は得てして無意識に欲が深くなる生き物だと思います。大家に置き換えて考え

ると、家賃収入で気持ちの安らぎを得ると、この収入をより大きく、もっともっと欲しいという思いにつながり、やがて「購入したい」という気持ちだけを満たすことが目的になってしまうのです。

資産運用の一つとしての大家業であったものが、当初の目的を忘れてしまうということです。この気持ちにとらわれてしまうと、どこまでの規模にすれば自分が安心できるかが見えなくなり、常に拡大を意識するようになってしまいます。資産運用の手段であった大家業が、その事業を営むこと自体が目的になってしまい、終わりが見えなくなってしまうのです。

だからこそ、「目的を見失わない」という原点が大切になってくるのです。目的を達成したら、新たな目標を作るということも大切ですが、部屋を増やし続けることだけを目標にしないでください。

新たな部屋を手に入れたいという思いが強くなると、最初のうちは慎重にいろいろと調べたり自分の条件を考えたりするのですが、だんだんとそういうことをおろそかにして、「この部屋がいい」という思いではなく「この部屋ならまあいいか」という思いで購入してしまうことにつながりかねません。50点くらいの部屋と感じても、購入してしまうという、待てない状態に陥ってしまうのです。

この状態は、車の運転に慣れてくると注意を少し緩めてしまうのと同じです。のち
のち振り返って考えたときに「なんでこの部屋を買ってしまったのだろう？　今だっ
たら絶対に買わなかったのに」ということにもなりかねないのです。
人間は、欲気が強まると、待てなくなる傾向があります。この「欲を小さくして待
つ」という気持ちをいかにコントロールできるか。この心構えも、大家として失敗し
ないためには必要です。

第5章

空室対策として取り組むこと

1 大家業スタート後の入居者との付き合い方

区分マンション大家の場合、入居者とのやりとりも建物全体の維持メンテナンスに関しても、それぞれ管理会社へアウトソースできる仕組みができています。ただ、入居者とのやりとりに関しては、賃貸管理会社に依頼せず、自分ですることもできます。「自主管理」と呼ばれます。

自主管理をすることのメリット・デメリット

自主管理とは、入居者とのやりとりを大家である皆さま自身が行うということです。毎月の家賃を直接回収したり振り込んでもらったり、室内の設備に不具合があった場合は修繕の手配をしたりなど、全ての対応を皆さま自身が行うことになります。不動産会社の中には、賃貸借契約を結ぶときや更新のタイミングのときだけはサポートしてくれるところもあるようですが、基本的には全て自分で行うと考えていただいた方が良いです。

1部屋や2部屋など、対応する部屋数が少なく、入居者も遅れなく家賃を払ってくれるような方であれば、思っているほど大変ではないということを耳にします。全部自分でやるとはいっても、設備などに不具合が発生したということは頻繁に起きることではなく、直接連絡が入ることもほとんどないという話です。

そのため、少しでも支出を抑えたい方、入居者とのやりとりも経験の一つとして自分でやってみたいというお気持ちが強い方であれば、自主管理が良いと思います。例えば、定年を迎えて時間的なゆとりもあるという方であれば、仕事という意味合いで、自主管理をされるのも気持ちの張り合いにつながって良いかもしれません。

ただし、連絡がいつ、どのタイミングで入るか分かりません。日中かもしれませんし、夜中かもしれません。また、もし家賃の支払いに遅れなどが発生した場合、ご自身で請求の案内とか督促のようなこともしないといけなくなります。少々手間暇の掛かることに時間を取らないといけなくなる可能性があるということが、自主管理のマイナス面かと私は思います。そういう対応も含めてこそ大家業だという気概のある方は、ぜひ自主管理にチャレンジしてみてください。

賃貸管理会社へ委託することのメリット・デメリット

賃貸管理会社へ委託することの一番のプラス面は、いつ起きるか分からない入居者とのやりとりや家賃の入金管理・督促といったことを、専門的な立場から大家に代わって行ってもらえることが考えられます。入居者に何かあった場合でも、大家である皆さまに直接連絡が入ることはなく、賃貸管理会社が窓口となってやりとりをしてくれます。応対に時間を割かれることなく、昼間も仕事に集中でき、夜も安心して眠りに就けます。

私は10部屋全て賃貸管理会社へ委託しています。「得意なことは得意な人に」という私の考え方があるからです。私自身が好きで得意なこと、例えば大家として物件を選んだり、確定申告などの数字の管理をしたりということは自分でやりますが、入居者とのやりとりや空室になった際の募集に関しては、賃貸管理会社の方にしていただいた方が、私よりもうまく進めていただけると考えます。

マイナス面を挙げるとすれば、毎月の家賃の手取りが減ることが考えられます。賃貸管理会社によりますが、大体、月額家賃の3～7％で引き受けてくれます。賃貸管理会社は、入居者がきちんと家賃を振り込み、特に連絡もしなければ、その3～7％は何もせずに得られる収入となります。このような伝え方をすると、費用がもっ

たいないと感じる方もいらっしゃるかと思いますが、私は大家業を円滑に進めるための保険料のような感覚で毎月支払っています。

自主管理か、賃貸管理会社への委託か。それぞれプラス面とマイナス面があります。

ただ一つお伝えしておくと、賃貸管理会社に委託する場合は、その会社の実績を確認したり営業担当者と話をしてみることを通して、安心して任せられるのかどうかを、必ず自分の目で確認するようにしてください。他の大家に話を聞いて、任せられる賃貸管理会社と思ったら、営業担当者につないでもらうのも良いかもしれません。

賃貸管理会社の善し悪しを決める一つの基準としては、「ほうれんそう（報告・連絡・相談）」を迅速に大家にしてもらえるかだと私は考えています。ぜひこの視点で、委託される場合は確認してみてください。

2 サブリースの提案があったら断った方が……

サブリースとは、賃貸管理を委託する方法の一つで、入居者がいてもいなくても一定額を保証して毎月家賃を送金するという内容です。「一括借り上げ」とも言います。

融資の返済があって、「万が一、空室になった場合の持ち出しがどうしても嫌だ」と考える方は検討しても良いかもしれません。その代わり、毎月家賃から引かれる手数料が15%前後のことが多く、手取りがかなり減るというマイナス面があります。また仕組みが少し複雑になります。

サブリースの会社をA社とすると、大家である皆さまはA社と賃貸借契約を結ぶことになります。そしてA社と入居者が賃貸借契約（正確には転貸借契約）を結ぶことになります。そのため、大家である皆さまと実際に住んでいる入居者との間には、直接のつながりはありません。仮に、入居者に連絡を取りたいときは、A社を間に挟まないといけないことになります。しかも、皆さまからしたら、A社は貸している相手になるので、A社が「退去する」と言わなければ、基本的にその賃貸借契約は更新され続けていくことになります。

現在の借地借家法という法律では、借主保護が手厚い内容になっているので、大家側からの事情で出て行ってほしいということ（サブリースを辞めたいということ）は、骨の折れる内容になっています。賃貸管理会社への委託は、大家である賃貸人の代理として存在してくれるので、仮に賃貸管理会社に不満が出た場合は、その管理委託の契約を解除するだけで済みます。入居者との賃貸借契約は引き続きますので、管理の面は自主管理したり別の会社へ委託したりすればいいのです。

このような点から、私はサブリース契約を結ばない方が良いと考えています。そもそも区分マンションの大家である皆さまの場合、立地を選び入居者から選ばれる部屋を考えることができるので、サブリースを付ける必要性がないと思うのです。賃貸需要が不安定で、空室リスクが高いと思われる場所であれば、サブリースは解決策の一つとして考えても良いとは思います。しかし、東京や横浜のような人が集まる賃貸需要の高い場所であれば、基本的に毎月の高いサブリース手数料を支払わずとも、空室に対しての過度な不安は感じずにいられると私は考えています。

3 空室期間を短くするために何をすべきなのか？

入居されている方から「退去したい」という申し出は、何の前触れもなく訪れるものと心得ていただければと思います。多い理由として「転勤」が挙げられるかと思いますが、「違う場所に住んでみたい」など、いろいろな理由がありますし、入居者にもいろいろな事情があります。引き留めることはできないので、そうなったら、「いかに空室期間を短くするか」に意識を向けることが大切です。

大枠では、退去の立ち会い・室内確認→原状回復工事・室内清掃→賃貸募集→内見という流れになります。一つ目のポイントは、退去から賃貸募集の開始、内見できるまでの期間をいかに短くできるかです。自主管理をされている方の場合は、どこまでを自分で行い、どこを業者に頼むかという判断もする必要があります。計画的に進めることが大切です。

私が所有する部屋は、賃貸管理会社に委託をしていて、退去から室内清掃が終わりすぐにでも次の方を迎えられる状態になるまでに、おおよそ1週間～10日くらいで対応していただいています。設備の不具合があって取り替えたり、退去を機に部屋をリフォームしたりする場合は、日数をより多く必要としますが、特別な工事を行ったりしなければ、1週間くらいが一つの目安になります。ここをいかに短期間で対応できるかが大切です。

さらに賃貸募集も早めにスタートしましょう。相場を踏まえた適正な賃料設定にして行うと、早ければ今の入居者の方が退去をする前に次の入居者の申し込みが入るということも経験しました。退去の連絡は、通常1カ月前に予告するという内容で賃貸借契約書を交わすことが多いので、退去の前から次に向けた準備を始め、募集も開始することが空室期間の短縮には必要です。

また賃貸の場合、人が動く時期に需要が高まります。4月と10月が一番多く動くタイミングになるので、その数カ月前から退去申し込みや入居申し込みが増えます。そのような活発な時期であれば決まりやすいでしょう。しかし、4月や5月など、動きが一段落したタイミングで退去という場合もありえます。そうすると4月の前などに比べれば部屋探しをする方の数は少なくなってしまうので、次の入居者が決まりにくいことも想定されます。

その際の効果的な方法が、賃貸を案内して決めてくれる営業担当者のインセンティブを増やしてあげるというものです。仲介手数料は営業担当者の収入にも結び付く成功報酬です。これは売買に限らず賃貸でも同じことが言えます。例えば、同じような立地に家賃8万円で募集を出している2部屋がある場合、Aの部屋は入居者を決めると8万円のインセンティブがもらえ、Bの部屋は2倍の16万円をもらえるとした場合、営業担当者はどちらの部屋を優先して入居希望者を案内したくなるでしょうか？　よほどAの部屋に対する思いが強くなければ、大部分の営業担当者はBの部屋を優先して決めたいという気持ちになると思います。

インセンティブを2倍（2カ月）出したとしても、次の入居者が決まるのが1カ月以上早まるのであれば、空室期間の短縮には大いに有効であると私は考えます。お金を出し渋る人もいらっしゃいますが、必要なときにはケチらずに出すという姿勢がある方こそ、大家として失敗せずに継続する上では大切ではないかと私は思います。営業担当者には、積極的なモチベーションアップ作戦で、入居者募集に取り組んでもらえるようにしましょう。

4 賃貸募集広告を出すときの注意点

賃貸募集の広告は、不動産会社に依頼して作成してもらう場合がほとんどだと思います。また、最近は紙面の広告よりも、インターネットの掲載広告を見る人が増えています。中でも、スマートフォンからの検索が増えていると耳にします。

そこで、不動産会社に対して、入居希望者がパソコンやスマートフォンで物件の情報を見たときに、選んでもらいやすくする工夫をどのようにしているのか尋ねてみました。すると、画像がよく見られることを考慮して、「部屋の室内写真の撮り方に気を配っている」ということでした。カメラの使い方、レンズの使い方で、同じ場所から撮影しても広く見えたりなど、印象の良い画像が撮れるとのことで、そういったことを意識しながら募集広告の写真に利用しているということでした。こんな写真の数が充実していればいるほど、イメージが湧きやすくなって、選んでもらいやすくなるのです。

最近は、実際に部屋の中を見ないまま、インターネットに掲載されている情報だけを見て決めてしまう方も増えつつあるようです。募集広告を出す上で、パソコンやスマートフォンでいかによく見えるように工夫するかが、空室の期間を長引かせないためにも大切

写真5－4－1　物件室内の写真（通常と広角レンズの違い）

通常レンズ

広角レンズ

です。部屋の中をより良く見せられる画像を撮るために、賃貸管理会社との打ち合わせもしっかりと行いましょう。自主管理を選んでいらっしゃる方は、賃貸募集を不動産会社へ依頼する際に、写真の撮り方の工夫について伝えていただくと、より入居希望者に選ばれやすい物件になるかもしれません。

5 クレーム予防をしっかりとしておこう

入居者がクレームを付けたいと思うのであれば、それはその部屋に不満を感じているのであり、そこには大家としては一番防ぎたい空室に大きくつながる要因があります。いかにその芽が出ないようにするか、仮に出たとしても早めに摘み取ることこそが、大家として大切な務めであると思います。

主に自主管理を選ばれる方に対してお伝えしたいのですが、何よりも大切なことは「迅速な対応」です。入居者からの連絡は頻繁にはありませんが、連絡が来たら、よっぽど何か困ったことが起きていると想像すべきです。そのときの入居者の心境は、「とにかく少しでも早く今のこの困った状況を解決したい」だと思います。

最初は、話を相手のペースに合わせて聞くだけでも良いと思います。入居者の気持ちを、まずは落ち着けるように接して差し上げることが、第一段階の対応として必要ではないかと思います。その後、具体的に修理が必要であれば、対応できる方に連絡をして部屋に急行してもらい、少しでも早い解決を考えていく。これが最善策になると私は考えます。

繰り返しになりますが、大家業は部屋を提供して快適に住んでいただく場を作って差し上げるサービス業です。入居者が神様だ、ということを言うつもりは全くありませんが、入居者の気持ちになって、寄り添って考えて差し上げることが、良好な関係を築くための一番大切なポイントだと私は考えています。

私のように委託している場合は、入居者との直接のやりとりはありませんが、クレームのような連絡があったときは、いかに早く快適な生活を取り戻していただくかを最優先に考え、迅速な対応をするようにお願いしています。

また、ピンチはチャンスというように、マイナスに思われる出来事が起きたとき、期待を上回るような応対ができれば、その後も住み続けていただけると考えています。クレームが起きないように整えておくことは大切ですが、どうしても自分の力だけでは整えきれない場合も起きてしまうものです。そういうときこそ、入居者からの信頼を勝ち得るチャンスだと捉えて、応対することが求められてくるのではないかと私は考えます。

第5章コラム

賃貸管理会社から見た、選んではいけないマンション

今回、委託している賃貸管理会社の担当者に、「大家として選んではいけない物件」はどのようなものなのか、教えてもらいました。

- 最寄り駅から徒歩15分以上の物件（できれば10分以内）
- 最寄り駅に仲介不動産会社（店舗）がない
- 共用部分の清掃状況が酷い（エントランスにゴミが散乱している）
- 築年数が古い物件で共用部分の修繕が全くされていない
- 管理組合が機能していない（自主管理の物件に多い）
- 専有面積が15㎡以下の部屋（できれば18㎡以上）
- 室内洗濯機置場がない部屋（バルコニー洗濯機置場、コインランドリーもダメ）
- 1階で半地下になっている部屋（日中でも陽当たりが全くない）

大家として選んではいけない物件というのは、賃貸管理会社から見ると「入居希望

者を探すのに時間がかかる部屋」ということになります。

この中で私が新たな気付きとして思ったのは、二つ目の最寄り駅に仲介不動産会社の店舗がないという点です。これは確かにもっともです。仲介会社も商売ですから、その駅に部屋を探しにくる人が少なければ、お店を出しても商売が成り立ちません。大家としても、収入のない期間が続きやすいということにもなります。たいてい、人が集まる駅であれば、駅から出て目につきやすい一等地に不動産会社の店舗があるものです。

物件の現地見学で街歩きをすると、必ず不動産会社の店舗があります。私は、そんな店の店頭にある広告を見ながら、「だいたいこのくらいの賃料で募集しているのだな」と見当をつけることを習慣の一つにしています。言われてみると、不動産会社の店舗が少なく、あってもあまり目立っていないような街も、これまでにいくつかあったなと思い出しました。現地へ足を運んでみることの大切さは、こういう点からも言えるようです。

おわりに――私は皆さまの笑顔が見たいです

大家は手の届かない存在ではなく、皆さまでもできるのだということをお伝えしたかったのが本書を書いたきっかけでした。特別な知識や経験がないとできないものではなく、お金持ちしかできないわけでもなく、会社勤めをしながら普通に生活をする感覚こそ大家業には必要なのです。

本を読んだり、セミナーで話を聞いたりするだけでは、不安や迷いを１００％払拭することはできないと思いますが、１００点満点が良いわけではないことは本書でもお伝えした通りです。興味がある、やってみたいと思うなら、まずは最初の一歩を踏み出す勇気を持ってください。

一歩を踏み出さないことには何も始まりません。進展もなく、今日と同じ明日が来るだけです。また、繰上返済や貯蓄することを考えると、大家業は時間を味方に付けることが必要不可欠です。少しでも早く始めることが、将来の不安を1日でも早く取り除くことにつながるからです。

その時間が一番長く取れるのはいつでしょうか？　答えは「今」です。お金は貯めておくことはできますが、時間は過ぎていくばかりで、貯めることができません。「思い立ったが吉日」という言葉が私は好きです。私は不動産屋ではありませんし、買うことを勧めることが仕事ではないので、あおり立てることはしませんが、始めたい思いがあるなら、その気持ちは大切にしていただきたいなと思います。

そして、気持ちと行動が空回りするようなことがあれば、肩肘張らずカフェに行くような感覚で、私に会いに来てください。「マンションを売らないFP大家」である私の経験を踏まえてサポートさせていただきます。ホームページもありますので、一度ご覧になってからご連絡ください（FPオフィス ケセラセラ横浜 https://fpoffice-yokohama.com）。皆さまの悩んでいる顔が笑顔に変わるときが、私の一番うれしいときなのです！

最後に、今回の出版の機会をご提供いただいた笹原隆生さま、合同フォレストの山中洋二さま、山崎絵里子さま、そして一言では言い表せない、いろいろな形でサポートや応援をしてくれた仲間、友人、家族に感謝の気持ちを伝えたいと思います。本当に支えてくれてありがとうございました。皆さまのおかげで今の私がいられること、この場を借りて、御礼申し上げます。

齋藤岳志

齋藤　岳志（さいとう・たけし）

FPオフィス ケセラセラ横浜代表／CFP
1977年生まれ。

上智大学文学部哲学科卒。

百貨店、税理士事務所、経営コンサルティング会社などへの勤務を経て独立。

株式投資に始まり、信用取引や商品先物取引、投資信託やＦＸなどの投資を経験し、その中で自分の性格や考え方に一番合った大家業を2007年にスタート。以来中古ワンルームを中心とした資産形成に取り組んでいる。

空室になることはほとんどなく、安定した収益を得ている経験を生かして、不動産投資に関するアドバイスを中心としたファイナンシャルプランナーとしても活動中。

「資産運用のスタートで失敗させない、後悔させない」「不安を安心に変えてあなたと一緒に最適な未来（スタイル）を考える」をモットーにしている。

ＦＰ大家だけが知っている
資産形成に中古ワンルームを選ぶと失敗しない理由

2018年2月10日　第1刷発行

著　者　　齋藤　岳志
発行者　　山中　洋二
発　行　　合同フォレスト株式会社
郵便番号 101-0051
東京都千代田区神田神保町 1-44
電話 03（3291）5200　FAX 03（3294）3509
振替 00170-4-324578
ホームページ http://www.godo-shuppan.co.jp/forest
発　売　　合同出版株式会社
郵便番号 101-0051
東京都千代田区神田神保町 1-44
電話 03（3294）3506　FAX 03（3294）3509
印刷・製本　新灯印刷株式会社

■落丁・乱丁の際はお取り換えいたします。

ISBN 978-4-7726-6103-4　NDC 336　188×130